中國學術思想 研究輯刊

十六編

林慶彰 主編

第 1 冊

《十六編》總目

編輯部 編

簡帛與先秦兩漢儒家思想初探

廖秀珍 著

花木蘭文化出版社

國家圖書館出版品預行編目資料

簡帛與先秦兩漢儒家思想初探／廖秀珍 著 — 初版 — 新北市：
花木蘭文化出版社，2013〔民102〕
目 2+144 面；19×26 公分
（中國學術思想研究輯刊 十六編；第 1 冊）
ISBN：978-986-322-126-5（精裝）
1. 簡牘文字　2. 帛書　3. 儒家
030.8　　　　　　　　　　　　　　　　　　　102002254

ISBN-978-986-322-126-5

9 789863 221265

中國學術思想研究輯刊
十六編　第 一 冊　　　　　ISBN：978-986-322-126-5

簡帛與先秦兩漢儒家思想初探

作　　者　廖秀珍
主　　編　林慶彰
總 編 輯　杜潔祥
出　　版　花木蘭文化出版社
發 行 所　花木蘭文化出版社
發 行 人　高小娟
聯絡地址　235 新北市中和區中安街七二號十三樓
　　　　　電話：02-2923-1455／傳眞：02-2923-1452
網　　址　http://www.huamulan.tw 信箱 sut81518@gmail.com
印　　刷　普羅文化出版廣告事業
封面設計　劉開工作室
初　　版　2013 年 3 月
定　　價　十六編 25 冊（精裝）新台幣 42,000 元

《十六編》總目

編輯部　編

《中國學術思想研究輯刊》十六編　書目

《中國學術思想研究輯刊》十六編
各書作者簡介·提要·目次

第一冊　簡帛與先秦兩漢儒家思想初探

作者簡介

　　廖秀珍，自 72 年台師大國文研究所碩士畢業，在元培科技大學服務兩年後，就在明新科技大學服務至今，目前是通識教育中心助理教授，擔任中文領域及分類通識課程多年。本人一向對出土文物及先秦各家思想深感興趣，本書是把過去發表過的單篇論文匯整並增補而成。

提　要

　　本書以郭店簡與上博簡為主要探討範圍，馬王堆帛書、清華簡為輔，內容以先秦兩漢儒家思想為主軸。

　　全書分十章，一、二章了解簡帛經書形制與六經次第，並經由簡帛文獻對照傳世文獻中探討排序轉變之因；第三章探討由簡帛之今古文發展到漢代的今古文之爭之原委；第四章說明於戰國時期，五行學說盛行，於簡帛中「金木水火土」與「仁義禮智聖」兩種五行說都有所發展，各有影響；第五章由簡帛之「仁」來探討孔子的「仁」學，並說明探討孔、孟仁學有何不同；第六、七、八章探討簡帛與儒家之刑德觀、天道觀、心性觀，由簡帛中孔子與季康子對答君臣之道，就能充分了解孔子治國的政治理念；無論是主宰天、自然天、德性天，簡帛都多處提及，直至孟荀才開展出「性善」、「性惡」之說，由早期儒家

之心性觀吸收各家之說，因此在第九章探討簡帛中儒家思想與各家思想之融合，第十章結論。

目　次

第二冊　由水及道：中國上古哲學核心觀念的生成

作者簡介

　　余佳，女，生於 1983 年 5 月，祖籍湖北大冶。本科就讀於武漢大學人文科學試驗班，獲文學學士學位。2005 年保送攻讀清華大學中國哲學專業碩士，2007 年免試推薦攻博，師從胡偉希教授。2009 年公費留學，求學於美國達特茅斯學院（Dartmouth College），師從漢學家艾蘭（Sarah Allan）教授。2011年獲清華大學哲學博士學位。學術興趣為先秦思想文化、觀念史、中西文化比較等。

提 要

　　「水」是中國上古哲學觀念的原型。在中國哲學觀念漫長的歷史形成過程中，「水」作爲觀念原型一直發生著持續而深刻的影響。從「水」之原型而不斷「層累」出的「由水及道」的觀念生成，體現了人類思想的發展。在中國哲學觀念史的語境之下，在「道」這個核心觀念出現以前，也即「道」的觀念前史之中，水觀念的生成過程反映了以某一原型爲基礎的觀念發展的一般規律過程和觀念形成的一般結構層次，是歷史與邏輯的統一。本書通過對上古哲學觀念的反思，以「軸心文明時代」爲追溯觀念前史的座標原點，借助顧頡剛的「層累說」，重建了從神話到意象到意念的「層累」的觀念史。本書分別考察了神話、意象和意念三種思維方式下原型「水」不同樣態的呈現和觀念雛形的演變歷程。神話思維中的「水」，展現了宇宙從渾沌到秩序的演變。意象思維中的「水」展現的乃是宇宙各要素的秩序與相互的關聯轉化。意念思維中的「水」最終抽象爲恒一之「道」。《太一生水》篇隱晦而又明晰地表達了上古觀念的歷史變遷，包含了「由水及道」的發展脈絡，甚至就可以視爲一個凝練的上古哲學觀念史。「由水及道」既是中國哲學觀念史的一個思想特例，同時也對於探討人類哲學觀念之形成具有「範型」意義，是具有普適性的觀念史本身。

目 次

第三冊　墨子哲學理論基礎──「義」之研究

作者簡介

韋展勛，字續墨，祖籍廣西宜州，癸亥年七月二十五日生於台北北投，現為輔仁大學博士生，好任俠，好飲酒，好玄思。從小具有好管閒事的正義感與實事求是的精神，對於墨子言「義」嚮往不已，視其為墨子哲學之基礎與其天人之際的樞紐。

提　要

本文試圖以《墨子》文本為理論根據，重新看待墨子哲學的核心概念及其價值，筆者以為「義」應可作為墨子學說之基石，再進一步透過「十論」之義舉、義行之方法，以達致墨子學說的理想狀態，此即天下大同、利及天下之義。因「義」之意涵貫串墨子思想而成就其哲學系統，於此，本文透過探討墨子哲學中「義」之為「義」，以義為根本而達至滿全之「義」的理想，更進而研究以「義行」、「義舉」出發達致「天下大利（義）」的思想，即「以義出發進而達致

『義』之哲學系統，於此可謂「義」應可作爲墨子思想的核心價值之理據。

目　次

《淮南子》認識論研究——以把握本質的方法爲中心

作者簡介

〔日〕川津康弘，1980 年生。畢業於立命館大學文學系中國文學專業、立命館大學大學院文學研究科東方思想專業碩士課程。2008 年獲西北大學文博學院中國古代史專業博士學位。經過十幾年的武術鍛煉與指導經歷，在日本東京創辦武術教室盡力推廣內功等傳統文化。

提　要

《淮南子》之中「得道」與各個具體「人事」並重的思想給它的認識論帶來了不少影響。由於認識物件的性質不同，其認識論依據的思想也有差異。《淮南子》在形而下的具體認識物件方面吸取儒、墨的積極認識論思想而提出了世界可知論以及經驗主義。它認爲客觀實際情況是認識的來源，又承認主體的感性認識能力與理性思維能力，從而提倡人們不斷積累知識與經驗。另一方面，對於形而上的認識物件，《淮南子》繼承了老、莊道家的直覺性的認識方法，從

而提出了「養性」的重要性。它要求人們去智、節欲而保持虛、靜、平的精神狀態，從而排除知識與經驗所產生的成見的干擾。這是主體返回固有的自然「本性」而把主觀與客觀統一起來的具體方法，也就是直接把握事物本質的途徑。

　　大部分學者認爲可知論與經驗主義是《淮南子》認識論的主流，而對它給予較高的評價。另一方面，老莊的消極思想的影響往往被看作是相對主義、不可知論、懷疑論、先驗論、唯心主義、神秘主義等，從而成爲批評的對象。這是認識論哲學研究的局限性所在。《淮南子》從老、莊繼承下來的思想包含著東方獨特的認識途徑與思維方式，我們不能只靠西方哲學的標準而否定這些東方的思想精華。

目　次

第四冊　《莊子》內篇夢字義蘊試詮

作者簡介

    徐聖心，祖籍廣東蕉嶺，1965 年生於臺灣彰化，1998 年獲臺灣大學中文所博士，現任臺灣大學中國文學系教授。學術領域爲先秦儒學、莊子與莊子學史、明末清初三教交涉、中國美學史、中國夢文化。

已發表專書有《莊子三言的創用及其後設意義》、《青天無處不同霞——明末清初三教會通管窺》；以及學術論文〈偶然性・再現・生命實相——蘇軾〈後赤壁賦〉釋旨〉、〈「莊子尊孔論」系譜綜述——莊學史上的另類理解與閱讀〉、〈先秦關於「人與國家」主題論述的兩種型態——從韓非子對儒家的批評談起〉、《《史記》論「個體與歷史」舉隅——〈伯夷列傳〉決疑》、《《孟子》「天下之言性」章異疏會詮及其人性論原則》、〈宗炳〈畫山水序〉及其「類」概念析論〉、〈陰陽神化與繼善成性——宋明儒對〈繫辭・上傳〉第五章第一節的闡釋〉、〈楊貴妃在當代東亞——論文藝的形象塑造與生命解讀〉……等。

提　要

本論文就莊子一書有關「夢」的觀點，討論其意涵與關涉的問題。相關的文獻，〈齊物論〉和〈大宗師〉各兩章。討論方式是疏解原文，再將疏解所得作一綜論。全文共四章。

第一章說明〈齊物論〉「瞿鵲子問於長梧子」一段。此段「夢」字意涵是遞進的：第一層：夢與覺相對，喻指吾人經驗的種種性質；第二層，以大夢標示整個經驗的「無實在意義」，由大覺觀照而知；第三層再以夢象喻（1）大覺為語言表達的蛇足，及（2）相應於人心靈的大覺是愚芚無知。以此遞進涵融的意涵，說明人心體道的狀態和「道」的部分特性，并由體道和夢的比方，討論真理裁定的問題。

第二章，由一問題出發，以體會驗證的實踐性格為基點，探討「真人不夢與莊周夢蝶」論述的表面衝突，能否得到調節？先討論不夢，使不夢與心齋聯絡，藉神與氣的說明，理出莊子對人類心靈結構，和理想運作方式的看法；以此為基點，再討論不夢和夢蝶相容、或相牴時，夢蝶的幾重意涵，說明「物我」的新關係，及如何了解此關係。

第三章，疏解〈大宗師〉「顏回問於仲尼」一章。論題是以「夢為鳥而厲乎天；夢為魚而沒於淵」為中心，說明生死問題及如何處理「知與情」。結論由氣與神說明本無生死。「本無生死」，必須透過心靈鍛煉及提升自我境界，才能成辦；了解「本無生死」，則生命如夢之「非真非假」——非真，故有形軀之變易；非假，才能鍛煉心靈，提升我境。

第四章，綜論。以四個問題為導引，綜合說明前三章疏解所得的意旨：

一、超越經驗意義的夢覺，如何能畫分、互通……（即莊子如何知道夢與覺的種種層次與意涵？）

二、夢、不夢、生死等經驗，都與氣有關，氣在三者之間，關係如何？

三、第三章結論：「本無生死。」這與夢或不夢有何關係？

四、莊子最初了解上述生死、夢覺等的思惟方式爲何？在吾人生命中，如何體會并實際操作？

關於第四個問題，筆者以爲莊子何以有如此思想深度；文章理脈何以如此鋪敍轉折？可以說，完全建立在心靈的實際修煉程序，因名之爲「無竟深觀」。觀，借用佛語，表慧，含體用兩義；無竟，表心體之無窮，爲莊子語。以「無竟深觀」讀莊子，可確認「深觀」是莊子思想與文脈所深依；如此，便足以規畫、建立「深觀」理論。

夢所關聯的體道、眞理裁定、不夢、物我關係、生死諸問題、透過氣與神加以說明，就只是一個問題——心靈的狀態與自我境界。自我的最高境界，就莊子而言，是至人無己，或吾喪我。這是本論文以夢入手，將莊子部分的分立觀念，予以通貫的闡釋。

目 次

第五冊 臻逍遙於有物之域——郭象《莊子注》研究

作者簡介

徐桂娣（1977.6），女，遼寧省西豐縣人。1996 年～2000 年進入吉林大學哲學社會學院哲學基地班學習，獲哲學學士學位。2000 年～2003 年繼續在吉林大學哲學社會學院學習，2003 年獲中國哲學碩士學位，同年入職遼寧大學哲學與公共管理學院哲學系，從事教學和學術研究。2006 年考入北京師範大學哲學與社會學學院，2009 年獲中國哲學博士學位，同年轉入大連海事大學人文與社會科學學院，任哲學系講師。主要研究方向為儒家哲學和道家哲學。

提 要

郭象是魏晉時期重要的哲學家，他以寄言出意的方法注解《莊子》，將己意貫通其中，使其《莊子注》成為具有獨立價值的哲學著作。

在《莊子注》中，郭象不再關注萬物之前或之外的統一性，以肯定萬物的差別性作為其立論的基礎。他明確否定造物之主，反對以「無」為存在的根據，將目光轉向有物之域，認為天地萬物皆出於自生、自造。進而，重論述萬物各有「性分」：物各有性和性各有極。各有之性依實存本身而有；真性的實現與展開，是為性之極。

郭象強調「順」、「任」，主張「無心」，即反對以己制物，要求在自己證成性分的同時，亦不妨礙他者性分的證成。通過無心以順有，乃能個個圓成，與化為體。此種得性而化的狀態，就是逍遙。這個過程，郭象概括之為「神器獨化于玄冥之境」。

郭象自覺地從心性的角度來解決天人之際的問題。萬物能得其性分即為天（然），失其性分則為人（為）。因此人的存在當以明天然、得天然為正。如果說莊子「蔽於天而不知人」，郭象則以人的得性工夫一天人，在實現整體和諧的同時，亦凸顯了人的自由性。據此，郭象將逍遙落實到社會人生中，以逍遙統合內聖外王之道，融通名教與自然，化解他人與自我的對待，從而臻逍遙於有物之域。

目 次

第六冊　莊子安命哲學之探究

作者簡介

　　吳建明，台灣宜蘭人，東海大學哲學系博士。曾任弘光技術學院、台中空中大學、中華醫事學院兼任講師、靜宜大學通識教育中心、南華大學哲學與生命教育學系、國立嘉義大學中國文學系兼任助理教授。

提　要

　　「命」是中國哲學的重要範疇，在思想文化的遞遭下，呈現各種不同的樣貌。在莊子書中亦是其重要思想內涵之一，向來治莊學人對莊子哲學難免有消

極之疑慮，尤其對莊子安命思想的理解更是如此；這從莊子書中部分對隱者的讚揚，以及顛覆常理常情的價值觀言，是容易令人產生誤解的。然吾人皆知，莊子這般洸洋不僅的敘述方式，其實也是與其思想性格互為表裡，即莊子哲學乃是一對生命反省與治療之性格，是一對生命存有之道的回復。因此，從理解莊子哲學之整體義理面向而言，安命思想正有其積極的意義，即其作為反省工夫進路之一，是與莊子體道逍遙的理境可以上下相溝通的。

因此，本文立足於安命對生命的反省為起始，指出命感之由生實乃生命罹病所致，明白其病原是生命沉淪與異化的交互影響，而藉由安命所闡明的工夫進路，來完成體道歸真的回復療程。

本文除結論外共計五章，首先是以生命問題的反省與關懷為起始，指陳研究之問題緣起與動機。復次，闡述「命」概念在歷史上的陵替與發展，主要說明莊子論命之要義大宗。接著，探討莊子「道」的性格及其意涵，理解其與老子「道」論之間的承接與發展，並論證莊子體道逍遙之可能，指出「安命」思想與存有之道相續相通的縱向實踐可能，及其生命治療學的實質意涵，以明「安命」哲學體道工夫之所在。最後，期能將安命哲學的橫面向擴而廣之，進而能闡發莊子出世入世自在，生死無礙的圓滿智慧。

目　次

第七冊　從正統道學到黃老思想

作者簡介

　　陳博，男，1959 年生，陝西楊陵人。1981 年起就讀於西北大學歷史系，先後獲史學學士、碩士、博士學位，畢業後留校工作。2004 年調入西北政法

大學，現任學校政治與公共管理學院副教授、政治學系主任、陝西省政治學會理事等職。

主要研究領域爲中國傳統思想文化等。在各種學術刊物公開發表專業論文30餘篇。著作有《走向市場叢書五種》（分別爲第五、第四種的第一、第二作者及《叢書》副主編），合著有《中國歷史典籍導讀》等。

提　要

黃老思想從正統道學胚胎中脫穎而出，一舉成爲戰國中後期「壓倒百家」的顯學，並在漢初的社會政治舞臺上一枝獨秀、大放異彩。這一歷史性跨越是機緣巧合，還是另有玄機？

黃老思想脫胎換骨，把正統道學從遁世主義轉變爲經世致用，從消極無爲轉變成積極有爲。這是治世學說從理想王國到現實王國的實質性突破，是政治理論向政治文化的有效飛躍，是中國傳統思想文化傳承與轉型的成功範例。那麼，其整合、演進、轉化的來龍去脈是否有跡可尋，有規可依？

黃老思想兼採百家之長，「無爲而無不爲」的治世哲學；既注重客觀規律又強調充分發揮人的主觀能動性的方法論；既承認事物間的彼此對立，又注重對立面相互轉化的辨證思維以及謙卑誠信、節儉省欲、慈惠愛人的倫理道德取向等；無不閃爍著理性的光輝。

如何借助傳統文化瑰寶中的精神財富來克服或化解當前普遍存在著的道德滑坡、人情淡漠、急功近利、見利忘義、誠信缺失、信任危機等一系列社會問題？也是擺在我們面前的當務之急。

筆者不揣淺陋，自不量力，對上述問題盡其所能的作了直接或間接的回答，以期對弘揚傳統文化、啓迪民族心智、振奮民族精神略盡綿薄之力。不當之處，懇祈賜教。

目　次

第八冊　董仲舒《春秋繁露》氣論思想研究

作者簡介

　　蕭又寧，台北人，1982 年出生。2001 年 6 月畢業於中國文化大學中國文學系學士班，之後於 2005 年 9 月考取中國文化大學中國文學系碩士班。在師長與家人的支持下，順利於 2009 年 1 月完成學位論文「董仲舒《春秋繁露》氣論思想研究」，並以此取得碩士班畢業。爾後在師長與家人的鼓勵下，又於 2010 年 9 月考取中國文化大學中國文學系博士班。目前爲台北海洋技術學院通識中心兼任講師。

提　要

　　《漢書・卷二十七上・五行志》曾云：「董仲舒治《公羊春秋》，始推陰陽，爲儒者宗。」（（漢）班固：《漢書》（臺北：藝文印書館影印清乾隆武英殿刊本，1996 年 8 月），頁 600。），而《春秋繁露》乃取繁多潤澤之義，故董仲舒雖以儒學爲思想中心，卻也兼容並蓄各家說法，其中又以陰陽五行之說爲要。董仲舒利用了陰陽與五行的概念，架構起複雜的宇宙觀，進而凸顯出「氣論」形上、形下是一，氣化整體的觀念。然爲了能對董仲舒氣論有更深入的瞭解，故在此以「氣論」爲主軸，分爲八個章節加以討論之。

　　第一章「緒論」。除了對研究動機、目的、方法有所解說外，更對前人研究董仲舒「氣論」的結果有所闡述，藉此說明以「氣論」重新詮釋董仲舒的思想意涵之可能。

　　第二章「董仲舒的生平與著作」。因史書上對董仲舒生平、著作的介紹甚少，又《春秋繁露》一書仍有真偽的問題，故在此章中筆者以介紹各家學者的看法，並以己見加以判斷之。

　　第三章「時代背景與思想構成」。筆者先就其所處的大環境加以說明，並在學術的特色上，說明當時除陰陽五行盛行外，儒家經典也受到重視。至於思想構成上，筆者以為董仲舒除了受到儒學的影響外，對墨家、法家、黃老道家之說也皆有吸收，而在氣化宇宙論的架構上更受到《呂氏春秋》、《淮南鴻烈》二書的影響，並融和各家之長對既有的《春秋公羊傳》有不同的詮釋方法。

　　第四章「氣化宇宙論的架構」。在此章中，筆者先對董仲舒「元」的概念加以闡述，再藉由陰陽二氣的循環與五行相生相勝，建構起筆者所以為董仲舒是近似圓柱體的螺旋式氣化流行，並以近似圓柱體的樣態來解釋氣化流行是立體的、是不斷循環前進，是一整體的。

　　第五章「氣論視野下的天人感應」。在討論董仲舒思想時，天人感應一直是討論的重點，筆者對此則是先對「天」的概念有所釐清，並討論董仲舒「人格天」的部份，此後以「氣貫通天人」為基礎，說明人除了在「副類」、「副數」上與天相合外，更因氣流行於天人之間，而使天與人能夠相感相應。而當天人感應成立後，無論是在官制上、改正朔、天君民的關係上，人皆必須處處效法天而行。

　　第六章「氣論視野下的人性論」。筆者以說明董仲舒與孟、荀之間的關係為先，並藉由「氣論」的概念，重新詮釋董仲舒的人性論。並以為董仲舒的心是眾惡於內、必仁且智之心，更是必須養氣以養心的；而其性除了與善惡、性情有關外，董仲舒更將性分為聖人、中民、斗筲之性，而對後世「性三品」之說有很大的影響。

　　第七章「對後世的影響」。在此章中，筆者除了欲藉由說明董仲舒對漢代氣論發展的影響性，凸顯出董仲舒在漢代氣論中具有承先啟後的地位外，也說明董仲舒氣論對後世各家學者的影響。

　　第八章「結論」。筆者以歷來學者對董仲舒的評價來確立其歷史地位，並再次強調其思想特色，以凸顯其「氣論」觀。

　　筆者以爲，透過上述八個部份的討論，不僅對董仲舒的學說有不同的認識，也提供了不同以往的詮釋方向。

目　次

第九冊　魏晉南北朝音樂美學思想研究

作者簡介

劉莉，碩士期間就讀于新疆師範大學，研究方向爲中國文學批評史，03年畢業留校分到音樂學院，教授藝術理論、音樂美學等文化課程。08 年在職考入華東師範大學文藝學專業文藝美學方向，2011 年獲博士學位。近年來，在 CSSCI 核心期刊《甘肅社會科學》、《新疆大學學報》、《天津音樂學院學報》、《南京藝術學院學報》等期刊發表論文《論嵇康的和聲觀》、《阮籍〈樂論〉音樂美學價值的再評價》等有關音樂美學方面的論文 8 篇。

提　要

魏晉南北朝時期音樂美學思想的整體特徵有二：一是獨立，它從社會倫理道德的領域中獨立出來，側重從音樂自身出發去探討音樂的審美規律；二是突破，它以道家思想、玄學人本精神和佛學主體心性哲學爲依託，實現了對以儒家爲代表的傳統主流音樂美學思想的超越。本文擬從中國音樂美學本身固有的範疇出發來深入透析其美學思想的精髓。「源起篇」追根溯源，探尋魏晉南北朝音樂美學思想突破前代獲得獨立的思想根源；其餘四篇「和聲」、「樂象」、「雅俗」、「樂教」形成一個有機的體系，全面而深入地揭示魏晉南北朝時代音樂美學思想的特質。

從整體看，魏晉南北朝時期的音樂美學思想完成了對以儒家爲代表的傳統音樂美學思想的超越與突破，它從禮樂合一的思想模式中掙脫出來獲得了音樂美學的獨立。這一時期的音樂美學思想在整個中國音樂美學史上具有劃時代的重大意義，它糾正了由儒家音樂美學思想所開闢外部教化研究路徑的偏差，將音樂美學思想帶入音樂內部世界中進行探尋，開啓了後世音樂內部研究的傳統，從此中國音樂美學思想在儒家所宣導的社會研究路徑和魏晉南北朝時期所開闢的內部研究道路上穩步前進。

目　次

第十冊　司馬光哲學研究——以荀學與自然氣本論爲進路

作者簡介

　　張晶晶，1982 年生，台灣彰化人，現居台北。國立政治大學中文系學士，中文研究所碩士。現就讀於國立台灣大學中文研究所博士班。

提　要

　　司馬光的哲學在中國思想史與哲學史上，由於其思想性格與日後宋明理學的主流不符，再加上其史學與政治成就過於顯赫的緣故，其意義與地位向來未受人重視。但若跳脫以程朱陸王理學爲主流的研究觀點，以另一承自先秦、衍至明清的哲學理路來重新檢視司馬光的哲學，便可重新發現其在思想史與哲學史上的重大意義。此一哲學理路即是過去在哲學史上隱而未顯，在儒學陣營中與孟學並爲兩大哲學思想典範的荀學理路。荀學在孟學取得獨尊地位後，其發展彷彿中斷，但明中葉後興起的一股以王廷相、吳廷翰、顧炎武、戴震爲主要代表思想家的「自然氣本論」思潮，其所主張的「有限價值的本體觀」，極有可能與荀學一脈相承，證明荀學並未絕後。但由於荀學從先秦到明清之間的發展軌跡未明，這使得荀學與自然氣本論一脈相承的說法，尚欠缺有力的證明。司馬光哲學的發現，正可補足此一思想史上的空窗。司馬光處於北宋中葉，時值學術史上漢學與宋學的典範轉移期，其在程朱理學尚未取得主流地位之前，以荀學的理路進入理學時代的氛圍中，建構起一荀學色彩濃厚的哲學。其一面表現了荀子哲學的特徵，另一面也同時表現出明清自然氣本論的初步雛型，這兩種哲學表現在司馬光哲學架構中的貫通，正是荀學與自然氣本論理路相承的最佳證明。司馬光哲學亦表現出在宋學建構初期，各種哲學理路百花齊放的歷史眞實景象，在學術史與哲學史上極富時代意義。

目　次

第十一、十二冊　許衡的倫理道德價值體系

作者簡介

　　馬行誼，男，1969 年出生於台灣彰化，祖籍山東省青州市。國立台中教育大學語文教育學系學士、國民教育所碩士、國立中正大學中國文學研究所博士。歷任國立台中教育大學語文教育學系助教、講師、副教授，現爲該系專任教授。著有《經典詮釋與應世之道──以王弼、阮籍的玄學思想爲考察核心》、《聆聽教學的理論與實務》《國小學童說明文寫作現象分析──班級小組討論教學法之個案研究》等書，以及學報期刊十餘篇。

提　要

　　許衡是元初大儒，他成功地引進程朱理學，奠定了理學在元代的重要地位，此外，許衡積極投身政治實踐之中，時刻以經世濟民爲念，故爲後世所推崇。在理論的建構上，他從「自然觀」到「心性論」的認識中，建立了其倫理道德價值觀的基礎，又聯繫到「格致論」與「知行觀」的部分，藉以全面性的醞釀此倫理道德的價值體系，這兩個部分完成之後，許衡的倫理道德價值體系已然成形。本文所架構的倫理道德價值體系中，許衡將「道德修養工夫」做爲

基礎，發展到「政治思想與實踐」與「教化的志業」兩方面，此即為其「內聖」到「外王」理想的具體展現。

本文先從歷來評論許衡的文獻開始探討，藉此提出了方法論的基本立場是：學術傳承與時代影響合論；概念分析與系統架構兼具；歸納與演繹兩法並重。接下來就是概略地討論許衡的生平與經歷，並依次介紹其倫理道德價值體系的基礎、醞釀、建構、完成的發展順序。本文的論述過程中，廣泛地觸及前代對許衡諸如「仕隱」、「夷夏」、「易簡」、「粗跡」、「治生」、「科舉」、「心」的詮釋與「和會朱陸」等的兩極化論斷，並試圖從其倫理道德價值體系的發展中，給予公允的評述。本文的結論是許衡的倫理道德價值體系，乃是順承儒家的大傳統，並由兩宋理學家的啟發，所成立的一套因應時局的策略。

目　次

第十三冊　梨洲對明代儒學的承繼與開展

作者簡介

　　楊自平，臺灣彰化縣人，1970 年生。中央大學中國文學系博士。曾任中央大學中國文學系助理教授，現任中央大學中國文學系副教授。長年致力《易》學研究，並旁涉先秦思想、宋明理學、當代新儒學、《史記》學及三國學。著有《世變與學術——明清之際士林《易》學與殿堂《易》學》、《明代學術論集》、《吳澄《易經》解釋與《易》學觀》，並與楊祖漢教授合編《綠色啓動：重探自然與人文的關係》（共三冊）及《黃宗羲與明末清初學術》。除收錄於個人專書之期刊論文外，尚有等數篇期刊論文、專書論文與會議論文。

提　要

　　本論文共分六章，主要是環繞梨洲歷史性儒學的建構而開展的。

　　第一章「導論——梨洲思想的淵源與形成」。梨洲希望藉由認識時代情勢及時代問題，進而進行反省並提出對治，因此梨洲學與整個時代環境及歷史發展是緊密關聯的。至於梨洲與宋明理學之關聯性，基本上是重理、重心、重氣傳統激盪下所開展的，針對此三系發展的特色及流弊加以反省與承繼，既言「盈天地皆心」，又主張「盈天地皆氣」，同時又言「即心窮理」。關於本書的詮釋入路，主要採劉述先先生的「思想史」進路，將梨洲學放入思想史脈絡中思考，並對比同時期的船山學，見出彼此歷史性儒學之不同向度。梨洲重根源，而船山重現象面；梨洲強調人的歷史實踐，而船山則較側重常道如何於歷史中開

顯。而本書之研究方式則是強調對梨洲學的解釋與理解，至於批判則略提之，儘量對梨洲有相應的理解，以見出梨洲如何繼承宋明及開展時代新學。

第二章「淪人的存在及人存在的歷史性」梨洲的歷史性儒學的理論基礎主要是承繼陽明心學傳統及蕺山的重氣傳統，以氣作為萬有創生之基源，以心作為人存有根源及物我互通之關鍵，氣與心皆就本體層次而言，而本體層次又融攝實存層次作為其主宰。梨洲更進一步於本體論的氣、心概念中提出「實踐」的概念，強調於實踐中體證本體，並於實踐中完成本體，而建立所謂「實踐存有學」。人因人性而可超脫形軀之限，但人性必須經由實踐使人性不斷被開顯，而在開顯的歷程中便呈現了人性的歷史性；而人經由實踐的過程便是參與了歷史創造，使人與歷史形成互動關係。

第三章「歷史性的儒學之建立與省察」梨洲歷史性的儒學是由歷史中擷取養分建構而成，而梨洲所謂的歷史是環繞著文化而說的，包含了政治、學術、經濟等人性落實於具體事為中的各種表現，所以「歷史即是文化史」，而肯定文化的價值背後隱含最根本的動機及目的——肯定人性，並以人性作為歷史思維之切入點，對歷史進行解釋與批判，就此而言「歷史即是人性史」。正因認清人性是歷史創造之根源，其他人事變遷均是運行過程中的變化之勢只是暫時現象，最終會回歸歷史常道。故對整個歷史發展，梨洲強調人類歷史是：環繞著道（人性）而建立的傳統，將事實上是出於「致用」的理想之運用性及無限性解釋，提出經由歷史發揮，並於歷史發展。

第四章「對陽明思想及王學各派的理解與批判」，主要探討梨洲對王學之反省。梨洲以「儒釋之辨」作為基源問題，分別就王門四句教、龍溪、江右、泰州諸派進行反省。梨洲認為陽明能真正展現儒學精神，關鍵在於肯定良知。對其詮釋有對於龍溪，梨洲所以嚴屬批判主要是龍溪欲混同儒釋（道），關鍵在於龍溪與梨洲立場之差異——重會通與別同異。對於江右的認定，梨洲認為江右在義理、實踐、傳承三方面而言，均得陽明正傳且有救正發揚王學之功，故論斷江右為王學嫡傳。至於泰州派，梨洲批判泰州雖然強調實踐，但卻產生狂放行徑，關鍵在於忽略道德本體，產生祖師禪「作用見性」之弊。基本上梨洲的立場是「重德傳統」，而泰州屬「重樂傳統」。

第五章「重視通經致用與肯定道德豐功」梨洲對於朱陸知識與道德的對立，提出早年只是教相之異，而晚年已漸彌合。但朱、陸故梨洲以「心」作為知識與道德的根源解消二者之對立性。對於道德——事功的對立，主要是指泰

州狂放的行徑，故重新反省朱、陳之爭論，提出朱子忽略終極之理不離事功之理，而陳亮誤以事功之理即終極之理，故梨洲強調道德不離事功，事功應本於道德起，而事功之建立必須經由學習歷程——治學與修德，並進一步配合「時位」將人性充盡發用表現在——立德、立功、立言上。

第六章「結論」本章一方面針對各章節進行彙統，一方面見出梨洲學如何由道德性儒學開展出歷史性的儒學實踐來另方面指出梨洲學的時代意義。同時吾人面對現今的時代課題可將傳統與現代關聯起來思考，尋出解決之道。梨洲重視經世觀點亦可作為現今知識分子之參考。

目 次

第十四、十五冊　黃宗羲理學思想之研究——以心理氣是一爲詮釋進路

作者簡介

　　陳正宜，臺北市人，中國文化大學中國文學博士。現任教於中國文化大學、醒吾科技大學、臺北體育學院。主要研究領域：「先秦諸子學」、「宋明理學」與「明清氣學」。撰有《黃宗羲理學思想之研究》、《羅欽順理學思想之研究》等專著，另有〈戴震「陰陽氣化」說〉、〈陳淳《北溪字義》的理氣論〉等單篇論文。

提　要

　　明代初期，由於明太祖大力提倡程朱理學，使程朱理學成爲學術上的正統思想。但隨著程朱理學的僵化，及本身「躬行踐履」的內在修養工夫轉向，導致程朱格致所得之理，往往無法契合於本心，於是諸儒在尋求心理合一的過程中，自然走向了心學，而成爲明中期的思想主流。不過，一則由於「心學」本身理論層次較高，不易掌握；二則由於「心學」畢竟吸收了佛學部分思路，極易近於禪學；三則因爲自明英宗之後，國家便步入衰落，而「心學」的發展在此時雖爲成熟理論，但卻處於社會政治衰亂的歷史環境下，加上滿清異族的入主中國，「心學」似乎束手無策，於是明末清初另一種「崇實黜虛」的氣學思潮便因應而起。故黃宗羲在此明清鼎革之際，提出了「盈天地皆氣」的「理氣合一」說，不僅彌補了朱學缺乏形上本體氣，而造成理管不住氣的缺漏外，亦修正了心學末流「情識而肆」、「玄虛而蕩」的錯會，更將氣學重實踐的特性落實於抗清戰爭與大量著述上。最後，在理氣合一的基礎上，透過心理是一的模式，發展了「盈天地皆心」的理路，進而完成理氣心性是一的氣本體論思想架構。

目　次

第十六冊　古代人生哲學在晚清民國的生存狀態──以梁啟超為中心

作者簡介

　　彭樹欣，男，漢族，1968 年 10 月生，江西蓮花人，江西財經大學人文學院副教授，文學博士，哲學博士後，碩士生導師，校中青年骨幹教師。1989年 6 月畢業于吉安師範專科學校（現井岡山大學），獲中文專科文憑；2001 年6 月畢業于蘇州大學，獲文學碩士學位；2007 年 6 月畢業於華中師範大學，獲文學博士學位；2010 年 7 月于武漢大學博士後流動站出站，獲哲學博士後證書。出版專著《梁超文獻學思想研究》，整理點校《劉元卿集》，在《光明日報》（國學版）、《人文論叢》、《大學圖書館學報》等發表學術論文 30 餘篇。

提　要

　　古代人生哲學一直是中國人安身立命之本，然而在晚清民國日漸流失和衰退。當然，也有一些思想家（主體文化保守主義者）力挽其頹運，挺立它在修

養身心、培養人格等方面的現代價值，盡力維繫著其生存命脈。其中，梁超是一個典型代表。梁氏用生命行踐行這一哲學，成就了一生的人格；並推己及人，以自己的人格、現代教育、出版傳媒等將其推向家庭、學校、社會，造就了不少德業兼備的優秀人才。同時，他以體證躬行之研究路向對其進行現代闡釋，極力挖掘其修養論或修身功夫。最後，在此哲學的基礎上他建構了自己的人生哲學，使其獲得了新的生命力。梁超古代人生哲學如何在現代中國生存，提供了一個生動而成功的範例。他所展示的思路和方向，對當今人格教育、道德建設仍有很大的參考價值。

目　次

第十七冊　顏李學在晚清民國的復興與命運

作者簡介

　　王學斌（1981～），男，山東濰坊人，中共中央黨校文史教研部講師，北京師範大學歷史學院中國近現史專業博士，主攻中國近代學術思想史、民國人物研究。出版《民國底氣》《大漠荒蕪》《別樣風流》《教我如何不想他》等論著數部，在《社會科學戰線》《文獻》《民國檔案》《光明日報》《高校理論戰線》等學術刊物發表論文五十餘篇。

提　要

　　顏李學派是清初非常重要一個學術流派。顏元、李塨二人所倡導的帶有復古色彩的、以「三事三物」爲核心的習行經濟與事功之學，基於對宋明理學系統反思、並在此基礎上構建的實學思想體系，在中國思想史上獨樹一幟。不過由於自身學說痼弊及外部政學環境的變化，顏李學派僅傳承三代即走向衰落，於清中葉中絕。

　　學派的消亡並不意味著學說的沈寂。百餘年後，晚清學者戴望搜輯顏李遺著，編纂《顏氏學記》，此舉既是其「大旨期於有用」之宗旨的體現，又含有爭取學術話語權的考慮。「常州端緒」與「戴學源頭」即爲戴望欲打通顏李學與今文經、戴震學之間關聯的嘗試。《學記》問世後，學界反響不一，贊同、批評、排詆之聲同時並起，顏李學的改造運動也於諸多不同評論中拉開序幕。

　　晚清顏李學的傳播，經歷了由人際傳播向媒介傳播的遞嬗過程。在第一階段，永嘉後學孫鏘鳴、宋恕、陳黻宸及河北學者王灝、賈恩紱等人出力尤多。到了第二階段，國粹派成爲主角。他們搜輯顏李遺著，研析其學術特色，挖掘

其學說的西學因素，檢討其利弊得失，其中既有對其學說本身的挖掘與「發現」，又有基於政治訴求的闡釋與「發明」，在這種古今溝通、中西交融之下，近代意義上的顏李學之雛形初具規模。

進入民國，顏李學的發展軌變得異常複雜。出於復興北學、抵禦新文化和加強意識形態控制之需，徐世昌等人于民初極力推崇顏李學。通過一系列的政治運作，徐世昌將顏元、李塨二人塑造爲國家學術偶像，享受從祀孔廟之厚遇。同時，徐又通過設立四存學會、創辦《四存月刊》、開辦四存中學等措施，強化顏李學對社會的影響。當然，徐世昌的如上活動，自然是逆時代潮流之舉，不過客觀上也促使更多的學者來關注和研治顏李學。要之，政治與學術的複雜交織是民初顏李學研究的一大特色。

二十世紀二十年代後，伴隨現代知識制度與學科體系的建立，顏李學研究也趨於規範與深入。梁啓超無疑是該時期顏李學研究的開拓者。梁氏在「古學復興」的學術訴求和「理學反動」的解釋框架之推動下，引介杜威的實用主義學說，就顏李學的知識論、功利論、人性論及與戴震學的淵源關聯等問題詳作論析。胡適深受梁啓超研究路徑影響，繼之而起，圍繞顏李學是否爲戴震「新哲學」源頭，進行了有益的嘗試。特別是他對程廷祚資料的發掘與研究，開拓出清代思想史中的新領域。與梁、胡二人頗爲異趣的是，錢穆秉持「不知宋學，則無以平漢宋之是非」的清學史立場，褪去顏李學的「反理學」底色、辨析其學說痼弊，否定其與戴震學的淵源推測，從而解構掉梁、胡之前精心構建的「反理學」譜系。質言之，梁、胡、錢三人之所以在顏李學研究上呈現如此迥異的反差，其緣由大致同學術立場、治學路徑和文化觀念的相異有關。

綜上，作爲中國儒學流派中一個獨具特色的分支，顏李學於晚清民國的復興與命運，體現出中西融彙、政學交織、反響不一等特徵，這恰是傳統學術在近代流變的一個縮影。

目 次

第十八冊 錢鍾書學術思想研究——以《管錐編・老子王弼注》為主

作者簡介

　　林耀椿，1962 年生，臺灣臺中縣龍井鄉人，臺中僑光商專企業管理科；東海大學哲學系；暨南國際大學中文研究所碩士。自小喜愛中國繪畫、書法；受曾文正公家書影響，沉浸宋明理學天地，並對於中國典籍、目錄版本、金石碑帖的興趣。1990 年進入中央研究院中國文哲研究所服務，任圖書館館員擔任圖書採訪、善本古籍、金石碑帖整理工作。參與鍾彩鈞先生主持《泉翁大全集》點校：林慶彰先生主持《姚際恆著作集》點校；吳宏一先生主持《清代詩話考述》計畫，並完成《清代詩話知見錄》(臺灣地區)；黃英哲先生等人主持《許壽裳書簡集資料匯編》點校；李奭學先生主持《古新聖經》點校。完成《錢鍾書學術思想研究》、《錢鍾書與書的世界》、〈錢鍾書研究書目〉、〈錢鍾書在臺灣〉、〈江亢虎在臺灣〉、〈江庸與臺灣半月記〉、〈蘇軾表忠觀碑考述〉等文。

提 要

　　「錢學」成為二十世紀八十年代學術界的一門顯學，它所形成的背景及原因值深入研究。錢鍾書先生是位學問淵博、智慧過人的學者，在不同的時代氣候下，俱有擲地有聲的著作，而且在「文化大革命」的動亂時代裏，完成了《管錐編》鉅作，這部書融合中國典籍及西方經典為一爐，它將一個「母題」(Motif)在中國文化典籍中所呈現的意義或引申意義，做全面性的詮釋，其中涉及文

字、聲韻、訓詁等學問的解說，在這個基礎加以批判及申述，往往引用了中西方不同語言的解釋，加以歸納及分析，由點、線、面多方面旁徵博引，呈現「七度空間」的悠遊，語出獨見，言現妙論，中西融匯，合成一爐。

本論文以《管錐編・老子王弼注》為討論的核心，從錢先生針對《老子王弼注》一書，深入他在「文化大革命」其間完成《管錐編》的情境，從中顯現他受《老子》的人生哲學影響，及想與黑格爾的「奧伏赫變」(Aufheben)媲美的心境。本論文擬分五章加以討論：

第一章緒論。針對「錢學」研究論題的動機及方法，分別就收集的材料，對於大陸地區及大陸以外地區的研究成果，先做研究成果的評價，從中顯示出「錢學」的發展、研究方向及議題的討論等問題，並陳述文獻材料收集的過程。

第二章錢鍾書個人背景的分析。針對錢鍾書個人背景與時代的互動關係及其生平、著作、師友及學術淵源做深入的分析，從中明瞭他的學術思想。

第三章錢鍾書的方法論。就方法論的角度說明他對於研究的方法及對比較文學、翻譯及他個人所使用的學術用語等問題的討論。

第四章《管錐編》思想分析以《老子王弼注》為主。以《管錐編・老子王弼注》為討論的核心，就哲學思想、倫理思想及文字、訓詁、修辭等三個角度來闡述《管錐編》全書的「母題」意涵。

第五章結論。就《管錐編》討論的「母題」做出結論，並對於研究的成果不及之處加以檢討及提出一些展望。

目　次

第十九冊　佛教邏輯通論

作者簡介

　　黃志強，男，1964 年 4 月生，廣西賀州市人，中國人民大學邏輯學專業博士畢業，教授職稱，現任廣西自治區政協常委，廣西師範學院政法學院副院長，廣西思維科學學會、廣西邏輯學學會、廣西哲學學會、廣西社會學學會等學會副會長；主要從事哲學、宗教學、社會學和教育學的教學和研究工作，主持國家社科基金課題 2 項、廣西哲學社科基金 5 項和廳級課題 7 項，參與各類各級課題 10 餘項，出版 13 部專著或教材，發表 200 餘篇論文，獲得 10 餘項省級以上科研教研獎，是廣西高校中青年傑出人才培養對象。

提　要

　　本書是國家社會科學基金 2005 年度「優秀」課題「佛教邏輯的現代研究」
（批准號 02BZX048）的最終研究成果，也是一部系統研究佛教邏輯的學術專
著。它以印度因明、漢傳因明和藏傳因明爲研究對象，既尊重前賢的研究成果，
又不作盲從，以原典爲根基，在充分考究論證的前提下糾正錯謬，提出新見解。
本書以正確的邏輯觀和邏輯基本原理爲指導，按照佛教邏輯的本來面目，探討
因明學的起源及其歷史發展各階段的特點與貢獻，準確釐定和闡釋了同品、異
品、有法、因法、宗法等幾個基本概念的內涵及其關係，在因三相、九句因和
因明論式等基本問題上澄清了學術界有關的一系列誤解，而提出了獨樹一幟的
觀點，首次概括出三支論式的七條邏輯規則，對因三相、九句因、因明論式在
因明學中的地位作了獨到的論述。同時，本書第一次對佛教邏輯的名言論、命
題論、比量論、語言邏輯、因明與佛學的關係等進行了系統深入的爬梳整理，
其中反駁了諸多的錯誤觀點，時發新見，在此基礎上較完整地建立了佛教邏輯
的理論體系，並作了實證性的分析，從而填補了諸多學術空白，不僅大大拓展
了因明學研究領域，而且具有全面開創性的意義，爲佛教邏輯的進一步發展奠
定了良好的理論基礎，也對活躍因明學壇、推陳出新頗有裨益，使我國的因明
學研究在廣度、深度和系統性方面達到了新的層次和水準。這是作者多年來搜
集因明典籍，傾其心力認真整理、研究的理論成果，代表著這一課題在當前國
內外的最高水準，曾得到巫白慧、劉培育、孫中原、劇宗林、董志鐵、楊百順
等因明學前輩的高度讚譽與評價。

目　次

第二十冊　《楞嚴經正脈疏》「十番顯見」之研究

作者簡介

黃琛傑，臺灣宜蘭人。國立臺北工專五年制電機工程科畢業，國立政治大學中國文學系學士、碩士、博士，中華民國斐陶斐榮譽學會榮譽會員。曾任中國技術學院與致理技術學院兼任講師。研究方向以漢傳佛教為主，碩士論文為《永明延壽思想中的禪與淨》，並已發表數篇有關《楞嚴經》的研究論文：〈有關《楞嚴經》研究的一個反省〉2008 年，〈《楞嚴經》詮釋史上的一個問題〉2009 年，〈論交光眞鑑對於《楞嚴經》「八還辨見」說的看法〉2011 年，〈試析交光眞鑑對於《楞嚴經會解》中「破妄見」之說的批評〉2011 年。

提　要

晚明時期，為中國《楞嚴經》詮釋史上注疏數量最多的時期，同時，也是紛爭最為劇烈的時期。掀起這場紛爭的關鍵性人物，便是明萬曆年間的交光眞鑑法師。眞鑑因為不滿當時已流行二百餘年，由元代天如惟則會集唐、宋九家注疏而成的《楞嚴經會解》的詮釋，而另行撰作了《楞嚴經正疏》。其中最大的衝突點，便在於眞鑑所獨創的「十番顯見」的新詮釋。由這項詮釋上的衝突所引起的法義上的激烈爭論，自眞鑑提出後，綿延至民國時期而未止。

關於這場詮釋衝突，目前學界的研究成果，僅止於認識到其足為考察晚明時期佛教思想史的新視角，至於具體的議題以及所牽涉到的宗派，則向未有人進行深入的探究。本論文之作，正是銜接了目前學界的研究成果，而予以推進深入，具體地聚焦到探究這場詮釋衝突的引爆者——交光眞鑑，由其所自述之「大異舊說」的「判科」與「釋義」兩大方面，來詳加考察其所獨創的「十番顯見」之新詮釋，抉發出其新說之精義所在，並藉由兼論與其所極為抨擊的《楞嚴經會解》的比較，來釐清眞鑑新說的不同之處。

研究結果顯示，在「判科」方面，眞鑑所提出的「十番顯見」的科判，相較於唐、宋注疏中的科判，或是《會解》中的「隱結構」，都顯得更為扼要清晰，並且突出了其「顯見」的主題。而對於「十番顯見」在其整體經文詮釋中的定位，除了以科判的方式來呈現外，更深入全經的義理結構，分別由「宗趣

通別」與「入道方便」的角度來多方定位，可說是以多重結構的定位來豐富「十番顯見」的意涵。而其所以會有如此的研究成果，關鍵是在於其在方法學上的轉向與建立。由《會解》會集諸家之說並附以己意的詮釋方式，轉為有意識地將前人原本作為一般方法論的科判，提升為特殊方法論，並建立了有關科判的方法學。然而，這樣的作法，固然能得出超越前人的創見，卻也不免有結構優先於主體，以及共時性優先於貫時性的疑慮產生，關於這部分，本論文也嘗試提出反省。

在「釋意」方面，本論文指出，真鑑在有關「十番顯見」的詮釋進路上，一改《會解》以破妄為主的詮釋進路，以及破顯並存的詮釋方式，而是單提「正」，以顯真為主，並由其顯真的進路來辯破《會解》與彰顯己說。此外，除了揭示出「十番顯見」是以「顯見性」為核心要義外，真鑑還進一步指出了「十番顯見」是對於真心的正面揭露，證成了十番所言之見性通於後之如來藏性，為本經特重之「本修因」，可說是以一「根性」來貫通了全經之前悟與後修。而真鑑對於「十番顯見」最重要的發明，則在於提出了「捨識從根」之說。其大別於《會解》所主張的天台止觀的修法，而指出「捨識從根」而修才是本經所言之真性定——楞嚴大定，並獨家深入發明了「捨識從根」即為《法華經》所言之實教、佛知見，以及為禪宗所言之「直指人心」等主張，可說是大有功於《楞嚴》奧義之闡發。

除了上述的研究成果外，本論文還特別針對前人對於「捨識從根」說所提出的批評，來澄清其中對於真鑑之說的誤解，並深入考察真鑑對於由識修入圓通的看法。此外，還就破妄與顯真二者的緊張關係，嘗試尋找出一個可能對話的新詮釋空間。企圖透過這兩方面的努力，來減低真鑑之說在《楞嚴經》詮釋史上所造成的衝突。

總結本論文的研究成果，可以確知真鑑所提出的「十番顯見」，在「判科」與「釋意」兩大方面，皆有超邁《會解》的創見。而這些創見的核心要義，便在於真鑑在《楞嚴經》詮釋史上所開創出的「根性法門」。

目　次

上　冊

第二二冊　天台圓教之淨土義與人間淨土之修證實踐

作者簡介

　　林妙貞，台灣台南人，國立中央大學哲學研究所博士，以天台佛學及儒釋道圓教思想於生命教育與生命實踐爲主要之研究領域和研究方向。著有《試析佛法身之「自我坎陷」與天台圓教「性惡法門」之關係》（收錄於佛光山《法藏文庫》——「中國佛教學術論典」）及多篇學術論文。

提　要

　　本文主要透過探究天台圓教之淨土觀，除簡別天台圓教之淨土觀與傳統淨土思想於理念、目的與實踐方法上之異同外，進一步探究天台圓教於「淨土」與「究竟涅槃」之關係思想，以及對於「淨土」之「權實」問題之闡釋。其次，藉由說明當代人間淨土之三種認知，從而闡明天台圓教於「人間」與「淨土」之關係，即由淨土經典所引發此方（穢）與彼方（淨）之殊異背離，如何由天台圓教「一念無明法性心即具三千」思想圓融詮解，進而突顯天台圓教於「人間淨土」之實義乃「人間即淨土」。最後，並說明天台圓教之即于人間具體修證觀行（實踐）之「人間性」特質與精神。

目　次

第二三冊　南傳《法句經》到漢譯《四十二章經》關係與影響之研究

作者簡介

　　釋慧如，自小常陪著母親到寺院去拜佛，常聽師父們講佛教的故事、漫畫。常日一久，有一些甜美的印象，為進一步瞭解佛教的意義，開始人生的規劃，高一那年發心出家，於 1987 那年得父母親許可，就在越南胡志明市寶雲寺剃度。

　　新的人生開始，隨著師父學習，除日常作息之外，必學習佛經，多般的經書是中文書。自幼故鄉經年戰爭後，百廢待舉；仰慕中國文學與佛教思想之浩瀚，若欲深入自當由中文始習之，才能探究佛法，翻譯經典。因此，決定來台留學。

台灣是一個民主、自由的國家，在學術方面不會受到政治的影響，漢學、佛學的專家相當有其水準。於是，1999 年來台灣在淡江大學，華語中心學習兩年中文。2001 年進入台灣大學歷史系，對歷史作一奠基了解。接而，於 2007 年華梵大學東方人文思想研究所碩士班佛學組就讀，學習重點在佛學經典語言上。

回憶，多年在台留學，遇到不少艱難，但爲了理想而繼續努力堅持下去。進而，續於 2010 年在原校所博士班佛學組就讀，學習重點在中越佛教交流史的歷史研究上。此次能將就學論文予以出版，感謝指導教授前所長黃俊威博士的鼓勵，與花木蘭文化出版社的支持，這也是鼓勵我繼續努力深造的動機。待學習返鄉，將貢獻在翻譯寫作與推廣教育上。

提 要

本文所探討的論題，是從「南傳《法句經》到漢譯《四十二章經》關係與影響之研究」；其實，在研究的問題意識上，是從《四十二章經》對越南佛教的意義與影響，延展開來的。上溯《四十二章經》源流的主要來處，佛教東來與佛典經譯；下推從《法句經》到《四十二章經》的思想義理，對中越佛教發展之意義。

就本文的舖陳上，在上溯《四十二章經》源流的主要來處時，並探討《法句經》與該經的前後關係。從中，論及到的南傳《法句經》版本及其源流與要義及其語體；同時，對漢譯《四十二章經》真偽爭論的釐清上，盼有稍些的助益。其間，在探討到南傳《法句經》的源流與發展中，就印度佛教阿育王時期，在對外傳教的過程情形，與當時中國秦漢時期的國情等，亦有密切的關聯性。並對阿育王派遣第八、九組的弘揚路線及其擴散過程中，所引發佛教東來路線的爭議，本文試著予以探討論述。藉此，由《法句經》出處的源流及其要義，亦對佛陀最早傳法時，與後來所使用語體與影響，並對《四十二章經》版本比較及其要義、真偽分析、與經譯模式的建立與設立，略爲敘述一二。如此，使本文從論題的整體意涵，在向上溯源上方面，有一連貫性的探討與論述。

對研究問題意識的下推部份，除在《法句經》到《四十二章經》的思想義理上，作一闡述外，一則對中國佛教發展之意義，再則就《四十二章經》對越南佛教發展之重要與影響，試著論述在印度佛教東來的南北兩傳，因越南在地理位置與漢文化的薰陶背景下，使越南佛教發展出小乘與大乘兼備，與帶著有入世的現象，略述一二。在越南佛教發展經過的情形，其所具的若干重大意義

對中印佛教的發展史上，扮演著相關微妙的關係與角色。

在研究架構的呈現上，第一章則是緒論，第二章則說明秦漢時期與南越國之南傳佛教情形；第三章則是《法句經》之版本及源流與要義與特色，與《法句經》對《四十二章經》之關係；第四章則是《四十二章經》版本及比較與爭議，《四十二章經》傳譯後看漢譯經典之發展；第五章則是從《法句經》到《四十二章經》的思想對佛教發展之論述，從《法句經》到《四十二章經》之思想觀點、對越南佛教之影響、對中國佛教之影響。第六章則是結論。最後，本文謹列幾個可待研究的議題，值得進一步作其學術性的探討與研究，並作為本文的結語。

目　次

六祖壇經的生死哲學及其養生觀

作者簡介

　　邱淑美，東海大學哲學研究所畢業。現任：國立空中大學講師，一貫道興毅南興講師，一貫道純陽雜誌編輯，臺中市政府法治局秘書室員工，著作：《六祖壇經》的生死哲學及其養生觀。

提　要

　　今日文明與物質的發達，精神文明的落後，以致於人被物役，百病叢生，人倫道德沉淪，人心不古，造成的種種社會亂象，皆因人心迷失了，故慧能大師強調「自性本自清淨」找回自己清淨的本心，就不會有世俗的妄想煩惱。研讀《六祖壇經》體會到，人類的延續是可以無限的，但作為個體存在的自我卻

是有限的；當有限的自我面對無限時，往往會產生惶恐不安，人們渴望超越自我卻又難以實現，當人們嚮往永恆又不知所措，《壇經》云：「善知識！智慧觀照，內外明澈，識自本心，若識本心，即本解脫。」慧能大師認為以佛性智慧觀照一切世間萬相，則內心澄明，就能解脫世俗煩惱的束縛，而達心靈境界的自在解脫，而超越精神的永恆。

《六祖壇經》對現代人的心靈，可以給人精神得以安慰，讓平凡人走向神聖的過程中，能給人帶來愉悅與希望。禪一向強調「以心傳心」，是人的本心，是自然的生活，可以修心養性、調整人的身心狀況，可以幫助人緩解精神緊張和焦慮的心情，通過回歸自然而放鬆自己，恢復人本來的自信，因而從精神危機中擺脫出來。

透過對《六祖壇經》修學，必能邁向身心靈健康的人生。

目 次

第二四冊　全眞七子證道詞之意涵析論

作者簡介

　　張美櫻，佛光大學未來與樂活產業學系，輔仁大學中國文學系博士，研究領域：道教文學、道教文化。

　　著作：《全眞七子證道詞意涵析論》、〈公羊傳稱賢事例的價值判斷及其意義〉、〈試論《論語》中天的意義與天人關係〉、〈中文學門中的經典與通識教學──以《詩經‧周南‧關雎》爲例〉、〈《金蓮正宗記》的敘述結構分析〉、〈《金蓮正宗仙源像傳》敘述分析〉、愛鳥（小說創作）；《道教文化研究論集》。

提　要

　　從道教文學的角度看全眞七子的詞作，可以看出這些作品在形式內容上傳承於傳統文學，而有其特殊之處，在形式上的詞調改名、類疊的強調、數字的運用、反復用造句造成類似迴文的特殊效果、福唐獨木體、藏頭詞等，都與其宗教思想意趣有關。

　　語言風格上七子詞作的語言展現宗教語言的特色，呈現出崇高、莊重、神祕、淨化等宗教語言風格，所用的修辭技巧則以誇張、象徵、比喻、示現、設問、呼告、仿擬等手法，富感染力地將人的宗教情感引發出來，以達勸化布道效果。只要掌握宗教語言與宗教內涵，這些詞作本身就有豐富的解讀空間，這些詞作作爲文學作品，有其自主的價值與意義。

目　次

第二五冊　宋元道教「三教合一」思想研究

作者簡介

　　李玉用（1979～），男，江蘇阜寧人。浙江大學哲學碩士（2005），南京大學哲學博士（2008），香港中文大學訪問學者（2011～2013）。現爲南京信息工程大學公共管理學院副教授，南京信息工程大學中國哲學與宗教文化研究中心主任、研究員，蘭州大學宗教文化研究中心兼職研究員，主要從事儒佛道三教關係和道家道教哲學研究。迄今，已在《世界宗教研究》、《孔子研究》、《中國宗教》和《弘道》、《宗風》等海內外重要學術刊物發表學術論文 30 餘篇，國際國內會議交流學術論文 30 餘篇，正式出版學術專著《葉法善與武義溫泉文化》（中國文聯出版社，2012 年版）。

提　要

　　儒佛道作爲中國傳統思想文化的三大主要組成部分，各有其特殊的理論貢獻，三教在衝突中融合，在融合中發展，一定意義上決定著漢代以來中國思想學術的特點及其發展方向。儒佛道「三教合一」更是唐宋以降中國傳統思想文化的主流和顯著特色。

　　宋元時期，三教內在要素融合的時機和條件都已具備，儒佛道三教分別立足於本教，吸納和融攝其他兩教，不僅有力促進了「三教合一」思潮向縱深發展，而且形成了各具特色的「三教合一」思想，如儒家理學、佛教禪宗可謂儒佛二教「三教合一」思想的集中表現。

　　本書主要立足和側重於宋元時期道教中相關文獻資料，以宋元道教「三教合一」思想爲契入，嘗試從哲學進路上爬梳和揭櫫道教「三教合一」思想的發展理路特別是宋元時期所表現出來的內在心性化和普遍多元化的理論特徵及

思維特色。宋元道教「三教合一」思想之研究，不僅在於通過重新挖掘傳統道
教心性之學的價值並探求轉化之道，從而爲當代終極關懷的價值系統提供有力
支撐；而且能爲當下全球化境遇中各種異質文化尤其中西文化、哲學的對話、
交流和文化的傳承與創新提供啓迪。

目　次

簡帛與先秦兩漢儒家思想初探

廖秀珍　著

作者簡介

廖秀珍，自 72 年台師大國文研究所碩士畢業，在元培科技大學服務兩年後，就在明新科技大學服務至今，目前是通識教育中心助理教授，擔任中文領域及分類通識課程多年。本人一向對出土文物及先秦各家思想深感興趣，本書是把過去發表過的單篇論文匯整並增補而成。

提　要

　　本書以郭店簡與上博簡為主要探討範圍，馬王堆帛書、清華簡為輔，內容以先秦兩漢儒家思想為主軸。

　　全書分十章，一、二章了解簡帛經書形制與六經次第，並經由簡帛文獻對照傳世文獻中探討排序轉變之因；第三章探討由簡帛之今古文發展到漢代的今古文之爭之原委；第四章說明於戰國時期，五行學說盛行，於簡帛中「金木水火土」與「仁義禮智聖」兩種五行說都有所發展，各有影響；第五章由簡帛之「仁」來探討孔子的「仁」學，並說明探討孔、孟仁學有何不同；第六、七、八章探討簡帛與儒家之刑德觀、天道觀、心性觀，由簡帛中孔子與季康子對答君臣之道，就能充分了解孔子治國的政治理念；無論是主宰天、自然天、德性天，簡帛都多處提及，直至孟荀才開展出「性善」、「性惡」之說，由早期儒家之心性觀吸收各家之說，因此在第九章探討簡帛中儒家思想與各家思想之融合，第十章結論。

目次

前　言

　　自一九九三年湖北荊門市出土的郭店楚簡（以下稱郭店簡）的問世以及一九九四年上海博物館自香港買進的戰國楚簡（以下稱上博簡）的出版，皆引起學者的熱烈討論，無論是文獻數量，抑或是內容多樣，特別是儒家、道家資料豐富，重要性自不在話下，因此戰國楚簡成爲重要的研究課題。

　　無論在簡帛網站、研討會議、期刊論文皆對出土文獻研究多所著墨，但因戰國時期，字型用語各國大不相同，因此專家學者對文字校讀及簡冊排列問題討論最多，思想上以及學術上的探討，已有多位專家學者陸續提出，應該說目前對簡帛的研究，仍然是方興未艾，加上近日清華楚簡的探討，眞是高潮疊起，好戲連連，雖不知是否改寫上古史，但是一定釋疑了許多問題，而且戰國時期正是儒家及道家思想完成雛型的階段，對於這些竹簡的各層面加以探討，才能對早期儒家思想發展的脈絡，能夠清楚及正確地了解，因此特別值得深入研究。

第一章 研究概況

第一節 緒 論

　　繼馬王堆漢墓帛書出土後，再度掀起學術界狂潮的是郭店楚簡與上博楚簡的問世，郭店楚簡的全部內容是在 1998 年由荊門市博物館編輯，文物出版社出版，事實上在此之前，從 1997 年起陸續就已經開始介紹；接著上博楚簡問世後，立即受到學者關注。

　　上海博物館曾於西元 1995 年「兩次請中國科學院上海原子核研究所對竹簡作了歷史年代測定，由超靈敏小型迴旋加速器質譜儀測出竹簡距今時間為 2257±65 年」〔註1〕。2257±65 年前即為西元前 328～198 年，約當戰國中、晚期至漢初，但是從抄寫的文字觀察，簡文應當為戰國時期之楚文字，故此批竹簡可視之為**戰國中、晚期抄本**。

第二節 出土簡帛之形制

　　竹書形制，古書多有記載，分別見於《論語序》、《論衡》、《後漢書》等書：

> 《儀禮・聘禮》賈公彥《疏》引鄭玄《論語序》云：「《易》、《詩》、《書》、《禮》、《樂》、《春秋》，策皆二尺四寸；《孝經》謙半之；《論語》八寸策者，三分居一又謙焉。」

〔註1〕 馬承源、朱淵清：〈馬承源先生談上博簡〉，《上博館藏戰國楚竹書研究》，上海書店出版，頁3。

《論衡‧量知篇》：「截竹爲筒，破以爲牒，加筆墨之跡，乃成文字，大者爲經，小者爲傳記。經簡長二尺四寸。」

《論衡‧謝短篇》：「二尺四寸，聖人文語，朝夕講習，義類所及，故可務知。漢事未載於經，名爲尺籍短書，儒生不能都曉古今，欲各別說其經：經事義類，乃以不知爲貴也？」

《論衡‧宣漢篇》：「唐、虞、夏、殷，同載在二尺四寸，儒者推讀，朝夕講習，不見漢書，謂漢劣不若。」

《後漢書‧曹褒傳》：「褒既受命，乃次序禮事，依准舊典，雜以《五經》讖記之文，撰次天子至於庶人冠婚吉凶終始制度，爲百五十篇，寫以二尺四寸簡。」

《後漢書‧周磐傳》：「編二尺四寸簡，寫堯典一篇，並刀筆各一，以置棺前，云不忘聖道〔註2〕。」

由此內容大致可以歸納爲兩類：一是經書類就用長約二尺四寸的竹簡抄寫；一是傳記及諸子之書，則用一尺左右的竹簡抄寫。

這也是我們傳統上習慣以經書二尺四寸來稱說，但是由近年出土的簡帛觀察，情況並非如此；針對近年出土的戰國竹簡之形制研究，有商承祚、李零、周鳳五、張顯成、胡平生等先生〔註3〕，馮勝君先生又在此基礎上，用比照及梳理郭店簡與上博簡的方法來探討戰國簡策制度及相關問題。馮先生指出：

對郭店和上博竹簡的長度統計結果來看，在戰國時期，典籍類竹簡的抄寫內容同所用竹簡的長度之間，至少是沒有明顯的規律性的，也就是說還沒有形成上述制度。例如《緇衣》和《性自命出》，

〔註2〕 參見《儀禮‧聘禮第八》，藝文印書館，頁283，王充，《論衡‧量知篇》，中研院，漢籍電子資料庫，頁551，《論衡‧謝短篇》，頁555，《論衡‧宣漢篇》，頁821。《後漢書‧曹褒傳》，藝文印書館，頁1203。《後漢書‧周磐傳》，頁1311。

〔註3〕 參看商承祚：《戰國楚竹簡匯編》，齊魯書社，1995年，濟南；李零：《簡帛古書與學術源流》，三聯書店，2004年，北京；周鳳五：《郭店竹簡的形式特徵及其分類意義》，《郭店楚簡國際學術研討會論文集，》53～63頁，湖北人民出版社，2000年，武漢；張顯成：《簡帛文獻學通論》，中華書局，2004年，北京；胡平生：《簡牘制度新探》，《文物》，2000年3期，66～73頁；胡平生、馬月華：《簡牘檢署攷校注》，上海古籍出版社，2004年，上海。

《性情論》同時見於郭店和上博兩批竹簡，它們的內容完全或基本相同，但簡長確有較大差距，根本沒有規律性可言。另外《周易》做爲儒家經典的地位是毫無疑問的，按照典籍記載，應該用二尺四寸長的竹簡抄寫，但上博《周易》的簡長卻只有一尺九寸，作爲道家文獻的《彭祖》反而用的是二尺四寸簡。另外，從整體上看，幾乎所有的上博簡都要比郭店簡長，只有《簡大王泊旱》稍短一些，這似乎暗示了用簡的長短可能更多的取決於主人的喜好。〔註4〕

由此可知，大家習以爲常以經書用二尺四寸簡的規格說法，此時尚未定型。那麼簡長與抄寫內容有無關係呢？馮先生接著說：

在郭店簡和上博簡兩批竹簡中，較長的都是一些相對重要的儒家或道家典籍，王國維所說的「以策之大小爲書之尊卑」，還是大體符合戰國典籍類竹簡的實際情況的。目前所見不足一尺的戰國簡只有郭店《語叢》四篇，這四篇簡文都是各類格言的彙編，是一種實用的小冊子，用短簡書寫是爲了便於隨身攜帶，類似後世的口袋書或袖珍本。〔註5〕

依此看來，簡長與抄寫內容是有一定關係的，簡冊之長短以典籍之重要性爲考量至爲明顯。簡冊之長短是與典籍之重要性而有不同。有鑑於此，戰國時期之簡冊形制尚未定型，書寫經書二尺四寸簡的制作規格，至少是漢朝以後的事了，因爲有戰國簡冊的出土，讓我們得以清楚的看到簡冊長短與書籍之間的關係與演變過程。

第三節　六國文字之眞相

自王國維先生對《說文》裏面的古文和籀文進行研究之後，在《史籀篇疏證序》裏提出一個論點，認爲戰國時期「言語異聲，文字異形」，其文字可以畫分爲西土和東土兩大類。西土文字就是《說文》籀文，東土文字就是《說文》古文〔註6〕。

〔註4〕馮勝君：《郭店簡與上博簡對比研究》，線裝書局，頁45。
〔註5〕馮勝君：《郭店簡與上博簡對比研究》，線裝書局，頁46。
〔註6〕王國維：《觀堂集林》，河洛出版社，頁254。

　　因此大多數學者都採用此說，也就是戰國時期以東土文字與西土文字兩類來區分，李學勤先生就依據甘肅禮縣大堡子山出土的材料，提出：

> 曾經被認爲是秦莊公、秦襄公時期的，現在多數主張是秦文公、秦靜公時代的東西。禮縣的材料，是我們現在能看到的最早的秦文字，它和東土的文字完全不一樣。而秦文字，一直到後來的小篆，還是這個風格，前後差別不大。所以秦文字及西土文字肯定自成系統，而東土文字則成爲另一個系統，這是很明顯的〔註7〕。

李學勤先生採用了王國維先生的說法，把戰國時期的文字區分爲東土及西土文字，而秦文字變化不大，爭議較少。今依據黃文杰先生的研究來看：

> 如果把秦至漢初簡帛文字字形置於整個漢字形體演變的歷史背景中加以考察，便可以看出，其主體來源於戰國秦篆，並有部分來自西周晚期和春秋的大篆，還有不少與六國古文尤其是楚文字相合〔註8〕。

> 把篆隸與秦篆兩者加以對照，就會發現除了用筆上的平直與圓轉迂曲的程度不同外，結構多有相合；而把篆隸與六國古文相比，情況就大不一樣〔註9〕。

所述秦文字之發展，與李學勤先生之觀察相合。又依據王國維先生在《同鄉徐氏印譜序》提出：

> 六國文字實際上材料特別多，有金文、陶文、璽印、貨幣等等，這些都是當時一代通行的文字〔註10〕。

1933 年出土物爲代表的壽縣李三孤堆得青銅器銘文，是楚文字的一次重要發現。接著 1942 年長沙子彈庫楚帛書的發現，這次發現是世人第一次看到了手寫的楚文字，這兩次的發現都是楚文字，屬於王國維先生所講的戰國文字中的六國文字，可是大家沒有辦法通讀〔註11〕，李先生如是說，這時候大家才發現，六國文字不似李先生所言自成一個系統，東土文字不只一個系統，而是來源龐雜，也因此在文字隸定上要達成共識是著實不易，直到今天，這仍

〔註7〕 李學勤：〈楚文字研究的歷史和意義〉，《簡帛第五輯》，上海古籍出版社，頁93。

〔註8〕 黃文杰：《秦至漢初簡帛文字研究》，北京商務印書館，頁24。

〔註9〕 黃文杰：《秦至漢初簡帛文字研究》，北京商務印書館，頁25。

〔註10〕 王國維：《觀堂集林》河洛出版社，頁301。

〔註11〕 李學勤：〈楚文字研究的歷史和意義〉，《簡帛第五輯》，上海古籍出版社，頁95。

是一個要面對的困境。由此可見，六國文字不但與楚文字不盡不同，其內容也是很複雜的。

　　前賢所言古文和三體石經古文均來源於孔壁中書，當無疑問〔註 12〕。而孔壁中書指的就是我們現在所能看到的《説文》古文和三體石經古文，過去多認爲屬齊魯系文字〔註 13〕。接著郭店竹簡出土後，因不少郭店簡文與《説文》古文相合，李學勤先生據此認爲：孔壁竹書應是楚文字寫本〔註 14〕。但在 1998 年 6 月國際儒聯與中國社科院歷史研究所聯合召開的「郭店楚墓竹簡學術研討會」上，李學勤先生發言指出：《唐虞之道》和《忠信之道》並非楚文字，而是三晉文字；同一個人看同一本簡策，看法竟不相同，李學勤先生不但是古文字學的專家，也稱得上是權威人士，都有前後不一致的說法，可知所謂的「六國文字」，事實上其內容是很多元也很紛亂的。

　　馮勝君先生轉述李家浩先生的看法，說道：

　　　　在郭店和上博部分簡文的國別問題上，李家浩先生的觀點明確而具
　　　　體，他認爲郭店《唐虞之道》、《忠信之道》、《語叢》一至三以及上
　　　　博《緇衣》很可能是戰國時期魯國的抄本〔註 15〕。

由此再次看出：郭店簡與上博簡在文字的認定上，專家學者的看法就很紛歧，可見所抄寫的文字上就不只一種文字，當然會增加釋讀上的困難。

　　馮勝君先生以爲：

　　　　《説文》古文主要來源於孔壁中書，而孔壁中書應該就是戰國時期
　　　　魯國的抄本，那麼將郭店《唐虞之道》、《忠信之道》、《語叢》一～
　　　　三以及上博《緇衣》坐實爲“具有魯國文字特點的抄本”似乎也是

〔註 12〕 參見許慎：《説文解字・敍》，中華書局，1963 年，北京；王國維：《説文所謂
　　　　古文說》、《魏石經考》，《觀堂集林》卷 7、20，中華書局。

〔註 13〕 參看王國維：《同鄉徐氏印譜序》，《觀堂集林》卷 6；何琳儀：《戰國文字通論》，
　　　　（訂補）45 頁，江蘇教育出版社，2003 年，南京；楊澤生：《孔壁竹書的文
　　　　字國別》，（《中國典籍與文化》2004 年第 1 期）──文引李家浩先生說。

〔註 14〕 李學勤：〈郭店簡與儒家經籍〉，《中國哲學・第二十輯》，遼寧教育出版社，
　　　　頁 116～119。

〔註 15〕 上博：《緇衣》爲戰國時期魯國的抄本這一意見，是李家浩先生在 2002 年 10
　　　　月當面告知馮君；《語叢》一～三是魯國抄本這一意見，轉引自陳劍先生《據
　　　　戰國竹簡文字校讀古書兩則》一文（《第四屆國際中國文字學研討會論文集》，
　　　　香港中文大學），頁 255。

可以接受的。但問題在於我們目前對魯國文字的認識還幾乎是一片
空白，我們能夠拿來作爲對比材料的都是涵蓋面比較廣「齊系文
字」，所以從文字學的角度來考慮，將這幾篇簡文定性爲「具有齊系
文字特點的抄本」，應該更加穩妥〔註16〕。

依馮先生所載：《唐虞之道》和《忠信之道》爲魯國抄本的意見是據馮先生在
北京大學「戰國文字概論」課上所做課堂筆記，馮先生認爲郭店《唐虞之道》、
《忠信之道》、《語叢一至三》以及上博《緇衣》所使用的文字是魯文字的抄
本，只因不清楚魯文字的體系，就用鄰近的齊系文字代用，對此，專家學者
也有不同見解，劉祖信、龍永芳先生認爲：

> 郭店簡文字，是典型的楚國地方文字，字體爲篆書，少數筆劃帶有
> 隸書風格，不是嚴格意義的篆書，應爲篆書向隸書過渡時期的作品。
> 楚簡文字不同於統一後的秦文字，更區別於經過多次簡化過的現行
> 文字，即使是簡文中的同一個字也有差異。從包山楚簡和郭店楚簡
> 文字中可以看出這種差異〔註17〕。

由以上敘述來看，兩相對照，看法迥異，一邊認定是魯文字，一邊認爲是典
型的楚文字，至今對六國文字所能了解及掌握的情形還是很有限的。此外，
郭店簡〈五行〉篇，總體上來說是一篇具有楚系文字特點的抄本，這一點學
術界並無異詞。但周鳳武先生卻在《郭店竹簡的形式特徵及其分類意義》一
文中指出，該篇簡文「字裏行間卻仍然保留著外來文字的蛛絲馬跡」〔註18〕，
馮勝君先生在此處也補充說道：

> 在《五行》篇中，有一些簡文的形體或用字與典型的戰國楚文字有
> 別。這些簡文有的能夠通過與相關文字材料相對比而判定其地域特
> 點，有的則不能。
>
> 《五行》篇是典型的楚人抄本，但不是典型的楚文字抄本，因爲其
> 中夾雜了不少非楚文字因素〔註19〕。

由上種種情況得知，「六國文字」不只是很複雜，加上書寫者對底本的文字不

〔註16〕馮勝君：《郭店簡與上博簡對比研究》，線裝書局，頁320。

〔註17〕劉祖信、龍永芳：《郭店楚簡綜覽》，萬卷樓圖書公司，頁12。

〔註18〕周鳳五：《郭店竹簡的形式特徵及其分類意義》，《郭店楚簡國際學術研討會論
文集》，湖北人民出版社，頁59。

〔註19〕馮勝君：《郭店簡與上博簡對比研究》，線裝書局，頁320、327。

熟悉，因爲誤摹產生錯別字不少，裘錫圭先生就曾對此現象專門撰文說明〔註20〕，也因此馮勝君先生提出：

> 楚地出土的戰國簡都是楚人的抄本，但不能稱爲楚簡，因爲在文字
> 形體與用字習慣方面都存在大量顯著差異〔註21〕。

至今爲止，即使是有兩種以上抄本或傳本的郭店簡與上博簡，無論是「字體」的隸定或是「簡序」的安排，專家學者彼此之間，仍存有很多不同的看法。

第四節　簡帛對文獻學之貢獻

　　簡帛的出土，使人們對古書產生年代的問題，再一次地重新思考。因爲過去被人們懷疑是「僞書」的情況有了大大的轉變，例如被當作漢代文獻的《大小戴記》，以及被懷疑是王肅僞造的《孔子家語》等，如今看來其實都有着很早的來源出處，因爲從戰國中晚期的出土文獻中就有可與之對讀的內容，這就給我們提供了很多關於古書形成的新資訊。李學勤提出要對古書進行「第二次的反思」〔註22〕，他採取對比大量簡帛書籍和現存古書，歸納出古書產生及流傳過程中，十種值得注意的情況。李零結合出土文獻對余嘉錫《古書通例》中所做的古書體例研究，重新進行了歸納，提出「傳統辨僞學所定判別眞僞的標準大多不能成立」〔註23〕，提出對古書的辨僞應該轉變爲年代學研究，這些都是因爲簡帛出土所帶來的新思考與新方向。

　　因此現在研究早期儒家，可利用的材料，除了《論語》、《孟子》、《荀子》之外，《大小戴記》、《孔子家語》、《孔叢子》、《韓詩外傳》等傳世文獻，重新納入了人們的研究範疇。特別是出土文獻中的「七十子」佚篇，也爲研究早期儒學史，提供了更爲豐富的材料和更爲寬廣的空間。不再是孔、孟、荀如此簡化地來看早期儒家的發展，能在更寬廣的領域下，更深入的研究儒家早期的發展。下面按照所屬年代先後順序，扼要介紹與儒家學派有關的簡帛資料：

〔註20〕裘錫圭：《談談上博簡和郭店簡中的錯別字》，《華學》第六輯，紫禁城出版社50～54頁。

〔註21〕馮勝君：《郭店簡與上博簡對比研究》，線裝書局，頁255。

〔註22〕參看李學勤：《對古書的反思》，《當代學者自選文庫·李學勤卷》，安徽教育出版社，頁15～21。

〔註23〕李零：《出土發現與古書年代的再認識》，《李零自選集》，廣西師範大學出版社，頁22～57。

一、戰國中期偏晚——郭店楚墓竹簡

　　1993 年 10 月出土於湖北省荊門市郭店一號楚墓。竹簡共 804 枚，其中有字簡 730 枚。據發掘者推測，墓葬年代爲戰國中期偏晚。則竹書抄寫年代當在此前〔註24〕。簡文中與儒家學派有關的共有十三篇，根據竹簡形制與字體，大致可以分爲七卷，分別爲：

　　　　（1）〈緇衣〉、〈五行〉

　　　　（2）〈魯穆公問子思〉、〈窮達以時〉

　　　　（3）〈唐虞之道〉、〈忠信之道〉

　　　　（4）〈性自命出〉、〈成之聞之〉、〈六德〉、〈尊德義〉

　　　　（5）〈語叢三〉

　　　　（6）〈語叢一〉

　　　　（7）〈語叢二〉

　　郭店本〈緇衣〉，上博本也有〈緇衣〉，傳世本見於《禮記‧緇衣》，郭店本〈緇衣〉，上博本〈緇衣〉，二者文本在分章、內容上相同，但與傳世本相差較大。〈五行〉即爲《荀子‧非十二子》中批判的子思、孟子的「五行」學說。《魯穆公問子思》記載了魯穆公、子思和成孫弋關於「忠臣」的對話，藉著一問一答之間，除了闡述子思「忠臣」的內容，更藉著成孫弋之口大大讚揚了儒家的理想人格。〈窮達以時〉與《荀子‧宥坐》、《孔子家語‧在厄》、《韓詩外傳》卷七、《說苑‧雜言》所載孔子困於陳蔡時答子路問的一段話類似。

　　〈唐虞之道〉是講述堯舜禪讓說，禪讓之重要內容是愛親與尊賢。〈忠信之道〉全文圍繞忠、信爲主軸展開論述，並列舉忠、信的各種表現，並闡述忠、信之本質。

　　〈性自命出〉、〈成之聞之〉、〈六德〉、〈尊德義〉形制相同、內容相關。第一篇是講人的性情，闡述「性相近」到「性本善」的發展過程；第二篇簡文運用了「本」與「末」與「源」與「流」的關係，先說明君子的表裡如一、言行一致的重要性，再論述統治者應像君子一樣，才能用民、使民；第三篇講選賢任能應注意的「聖」、「智」、「仁」、「義」、「忠」、「信」、「六德」；第四篇講爲上治民當以德義爲教，禮樂行政從中出。

〔註24〕湖北省荊門市博物館：《荊門郭店一號楚墓》；荊門市博物館編：《郭店楚墓竹簡》，文物出版社。

〈語叢三〉、〈語叢一〉、〈語叢二〉三篇內容多見於傳世文獻，如〈語叢三〉46 號簡「強之樹也，強取之也」，相近的語句除了見於〈性自命出〉8 號簡外，還見於《荀子》和《大戴禮記‧勸學》，50、51 號簡「志於道，狎於德，依於仁，游於藝」，見於《論語‧述而》等。

　　對於這批儒家簡的學派歸屬，主流的說法是屬於《子思子》。早在郭店楚簡的資料完全公布以前，李學勤就根據初步公布的材料提出這批儒家簡多數是子思及其門人所作〔註 25〕。這一說法為大多數學者接受，但也有學者不贊同這種分法，而從地域特點和內容分析，認為郭店儒家文獻的作者是南方儒家，並非北方儒家。由此可知，儒學南傳，與當地文化相融合之情形，相對地，儒家思想也雜揉了其他文化思想。

二、戰國晚期──上海博物館藏戰國楚竹書

　　上海博物館 1994 年從香港文物市場購回，共 1200 多枚。李學勤指出竹簡抄寫年代當在戰國中期偏晚或晚期偏早之前，理由有二：

　　1. 竹簡中有關於楚簡王的記載，則竹簡抄寫年代不會早於楚簡王卒年即公元前 408 年；

　　2. 與此批竹簡出於同一墓葬的絲織品，其刺繡技法紋飾都和江陵馬山一號墓出土絲織品相若，很可能出於同時，馬山一號墓的時代，發掘報告云「為戰國中期偏晚或戰國晚期偏早」〔註 26〕。

　　上博簡最初主要由李零整理，此後釋文與注釋則由李朝遠等分別撰寫，以《上海博物館藏戰國楚竹書》的形式分冊公布，目前已經陸續出版了七冊。其中與儒家學派有關者，以出版先後整理如次：

　　《上博一》：〔註 27〕〈孔子詩論〉、〈性情論〉、〈緇衣〉

　　《上博二》：〈子羔〉、〈魯邦大旱〉、〈從政〉（甲、乙篇）、〈民之父母〉

　　《上博三》：〈仲弓〉

　　《上博四》：〈相邦之道〉、〈內豊〉、〈昔者君老〉

　　《上博五》：〈君子為禮〉、〈弟子問〉、〈季庚子問於孔子〉

〔註 25〕李學勤：《荊門郭店楚簡中的〈子思子〉》，《文物天地》，1998 年第 2 期。

〔註 26〕李學勤：〈孔孟之間與老莊之間〉，「新出土文獻與先秦思想重構」，國際學術研討會，2005 年 3 月台大哲學系，頁 1～3。

〔註 27〕馬承源主編：《上海博物館藏戰國楚竹書（一）》簡稱為《上博一》，其他冊相同。

《上博六》：〈孔子見季桓子〉、〈天子建州〉（甲、乙本）

《上博七》：〈武王踐阼〉

按照竹簡形制、字體，大致可以分爲以下幾卷，按照竹簡由長到短的順序，排列如下：

（1）〈性情論〉

（2）〈魯邦大旱〉、〈孔子詩論〉、〈子羔〉

（3）〈孔子見季桓子〉

（4）〈君子爲禮〉

（5）〈弟子問〉

（6）〈緇衣〉

（7）〈相邦之道〉

（8）〈仲弓〉

（9）〈從政〉（甲、乙篇）、〈武王踐阼〉

（10）〈天子建州〉（甲、乙本）

（11）〈內豊〉（包括〈昔者君老〉）

（12）〈季庚子問於孔子〉

上博簡中一半以上的內容是關於孔子與弟子的言行故事，這部分簡文包括〈魯邦大旱〉、〈子羔〉、〈孔子見季桓子〉、〈君子爲禮〉、〈弟子問〉、〈子貢〉、〈仲弓〉、〈子夏〉以及〈季康子問於孔子〉，共九篇，在「七十子」的研究方面，上博儒籍中涉及到的有：顏回、子貢、子路、仲弓、子夏、子羔、子遊、宰我以及子張、曾子等人。其中以子貢在上博簡出現的最多，李零以爲：

> 從博世文獻的記載來看，子貢是孔門晚期最重要的人物，孔子死後，其地位猶如掌門人〔註28〕。

伊若泊也認爲：

> 竹書與傳世文獻一致地反映了子貢在早期儒家中的重要地位，子貢雖然沒有自立學派，但孔子死後，儒家內部的各學派都是以子貢爲尊的〔註29〕。

〔註28〕參李零：《去聖乃得眞孔子——〈論語〉縱橫讀》，三聯書店，頁 71。

〔註29〕伊若泊：《〈上博・五〉所見仲尼弟子子貢的言語與早期儒學史》，「2007 中國簡帛學國際論壇」會議論文，台北，2007 年 11 月 10、11 日。

因此，關於早期儒學發展的知識，尤其是孔門七十子的言談，經由上博簡儒籍豐富了這一段內容。

〈魯邦大旱〉講的是魯哀公向孔子請教應採取什麼措施來應對「邦大旱」，孔子提出了兩個建議：一是舉行祭祀，二是「正刑與德」，之後又與子貢談起此事。文中子貢質疑孔子建議哀公祭祀山川時所說的話，「夫山，石以爲膚，木以爲民，如天不雨，石將焦，木將死，其欲雨或甚於我，或必寺乎名乎？夫川，水以爲膚，魚以爲民，如天不雨，水將涸，魚將死，其欲雨或甚於我，或必寺乎名乎？」可與今本《晏子春秋》內篇《景公欲祠靈山河伯以禱雨晏子諫第十五》對讀。

〈子羔〉內容前半部敘述「三王之作」，後半部敘述「堯舜禪讓」。孔子講述了夏、商、周三代始祖禹、契、後稷的誕生神話，他們都是「天子」，而舜則是「人子」，能成爲帝王是由於道德高尚。

〈孔子見季桓子〉全篇內容可分爲兩個部分，第一部分討論執政者之言行，包括如何親近仁人以及言行舉止之要點；第二部分討論執政者如何治理人民。文中重心放在親仁的話題上。《孔子家語》記載孔子曾兩次見季桓子，但未記談話內容，其他傳世文獻鮮少有孔子與季桓子的談話，孔子與季康子的對話倒是很多。這篇簡文可以補充了傳世文獻上一段很大的空白。

〈君子爲禮〉和〈弟子問〉分別包含多個孔子與弟子之間談話的故事。〈君子爲禮〉內容包括顏淵與孔子談論「君子爲禮」「子羽」與子貢談論孔子與子產、禹、舜孰賢等內容。值得注意的是，其中一段殘損的內容，講述身體容貌等禮儀姿態。從現存簡文看，屬於敘述體裁，沒有對話，頗類似《論語‧鄉黨》。

〈弟子問〉包括孔子對延陵季子的評論，孔子感歎「莫我知也夫」，宰我問君子，孔子過曹至老丘等內容。涉及的人物有：孔子、顏淵、子貢、子遊、宰我、子路、延陵季子、蘧伯玉等。與郭店楚簡的幾篇格言式語錄摘抄、及《語叢》相比，這兩篇，無論從體裁還是從內容上看，都更接近《論語》。

〈相邦之道〉的內容，是孔子見「公」，「公」問孔子「相邦之道」，孔子作答以及回來跟子貢談論這件事。由於簡文殘斷，文中的「公」不知何人。整理者懷疑文中的「公」爲魯哀公。〔註30〕

〈仲弓〉大致可以分爲兩部分。首先是仲弓向孔子請教如何爲季氏宰，

〔註30〕馬承源主編：《上海博物館藏戰國楚竹書（四）》，頁237。

孔子告訴仲弓應該「先有司」、「舉賢才」、「惑過與罪」、「道民興德」等。還討論了針對「今之君子」的特點，如何更有效地輔佐他們達到爲政目的。

〈民之父母〉見於今本《禮記・孔子閒居》及《孔子家語・論禮》。內容爲子夏因「詩」中的「愷悌君子，民之父母」「向孔子請教何如而可謂民之父母」，以及圍繞孔子的回答進一步請教何謂「五至」、「三無」以及哪些詩與「三無」的含意接近。

〈季庚子問於孔子〉講的是，季庚子向孔子請教「君子之大務」，闡述「仁之以德」之內涵及重要性，以及君子與小人之別。文意與《論語・顏淵》季康子問政於孔子曰：

> 『如殺無道，以就有道，何如？』孔子對曰：『子爲政，焉用殺？子欲善，而民善矣！君子之德，風；小人之德，草：草上之風，必偃。』

一節相類。

〈緇衣〉又見今本《禮記・緇衣》，郭店簡中也有此篇。

其中郭店本與上博本之文句相近，與傳世本之文句差異較大。

〈武王踐阼〉見今本《大戴禮記・武王踐阼》，內容爲武王踐阼之後向師尚父請教如何治理好國家，師尚父以丹書告之，武王銘之於席之四端、機、鑑、盤、楹、枝、帶、履屨、觴豆、戶、牖、劍、弓、矛等器。其他五篇簡文都爲先秦佚籍。

〈性自命出〉有關儒家心性論，又見於郭店簡，二者前半部分大體一致，後半部分章順序不同。全文圍繞「性」來展開論述，講教習與心性的關係、教化應掌握的心理技巧等。

〈孔子詩論〉是目前所見唯一一篇孔子系統論述「詩」的文章，文中所論詩篇，包括〈苤苢〉、〈小宛〉、〈文王之什〉等約六十個《詩經》篇目。此篇是研究孔門詩學的重要資料。

〈天子建州〉有甲、乙兩個抄本，內容有關禮制，比較接近《禮記》中屬於「制度」類的篇章。

《內禮》與《大戴禮記》中的《曾子立孝》、《曾子事父母》、《曾子本孝》，以及《儀禮・士相見禮》、《禮記・內則》等有關，內容可分爲兩部分。第一部分講「君子立孝」，君臣、父子、兄弟，都包括在「孝」的範疇之中。第二部分講「君子事父母」，以「君子曰」開頭，共有六段「君子曰」開頭的文字，最後以昔者君老，太子朝君的故事作爲「君子事父母」的一個例子結束全篇。

〈從政〉由若干段落構成，皆以「聞之曰」開頭，講述「從政」所應具備的道德及行為標準。要「敦五德，固三折，除十怨」。此篇可與《論語》、《禮記》及睡虎地秦簡《為吏之道》等文獻對讀，是研究先秦儒家政治思想的重要材料。

第五節　簡帛對學術史、思想史之貢獻

在先秦思想史的研究方面，值得注意的有以下幾方面：

一是「禪讓」說：

> 隨著《子羔》及其他有關上古禪讓思想簡文的公布，如《容成氏》及郭店楚簡《唐虞之道》等，學者漸漸發現這些簡文說明了在戰國時期曾經流行過一股「禪讓」的思潮〔註31〕。

李學勤則指出：

> 禪讓之說本於《尚書・堯典》，起源應該很早，但在儒家學說中形成高潮，可能即使於子游或其弟子撰作的《禮運》，《唐虞之道》等是在其影響下引申發揮的產物。到燕國的事件發生之後，孟子率先起而反對，鼓吹禪讓的風氣便煞住了。兩批簡的儒家著作中，禪讓說一時盛行，正與戰國中期後段公元前 316 年以前的形勢相當〔註32〕。

至於「禪讓」說之源頭是屬於儒家還是墨家？一直是個爭論的話題，由簡文中以「愛親」為「仁」，「尊賢」為義，與儒家《中庸》所主張的「仁者人也，親親為大；義者宜也，尊賢為大」之說如出一轍。如此一來，「禪讓」說之起源來自儒家，也就釐清為墨家說之疑惑了。

其次是「五至三無」說

竹書〈民之父母〉的發現，對於思想史造成了很大的衝擊。此篇的「五至三無」之說，又見今本《禮記・孔子閒居》與《孔子家語・論禮》。過去對於傳世文獻中的這段內容學者多認為不可信，認為「五至三無」之說，特別

〔註31〕梁濤：《郭店竹簡與思孟學派》，中國人民大學出版社，頁 166～177。
〔註32〕李學勤：〈孔孟之間與老莊之間〉，《新出土文獻與先秦思想重構》，國際學術研討會，台大哲學系主辦，頁 1～6。

是「三無」——「無聲之樂，無體之禮，無服之喪」，明顯屬於道家思想，絕非儒家學說。龐樸指出：

> 該篇竹簡的問世，打破了這個成見，他進一步推測，該篇的「志氣」之說是《孟子》浩然之氣的先聲，與孟子思想有關〔註33〕。

徐少華抑認為：

> 此篇的思想內涵有別於《論語》而近乎《孟子》〔註34〕。

林啓屏則認為：

> 「三無」之說雖有「氣志」的內在化討論，卻未必是以思孟「道德主體」的內在化方向立說。荀子的學說中，其實也不乏對「氣志」的討論。對於「三無」的思想，採取孟、荀對立的方式研究，並不是一個很好的辦法〔註35〕。

由此得見，戰國中後期，不但看到儒家、道家合流的足跡，也開展了孟子養氣說、荀子氣論之先聲。

〔註33〕龐樸：《喜讀「五至三無」——初讀〈上博簡〉（二）》，《上博館藏戰國楚竹書研究續編》文史哲，頁220～223。

〔註34〕徐少華：《楚竹書〈民之父母〉思想源流探論》，《中國哲學史》，2005年第4期。

〔註35〕林啓屏：《論〈民之父母〉中的「三無」》，哈佛燕京學社等主辦：《新出楚簡國際學術研討會會議論文集（上博簡卷）》，第225～232頁。

第二章　簡帛與六經次第

第一節　緒　論

　　論及六經之次第，今人多數採用周予同先生之說，周先生認爲今古文家對於六經的排列是有意義的，這是表示他們對於孔子觀念的不同，古文家的排列次序是按《六經》產生時代的早晚，今文家卻是按照《六經》內容程度的深淺，其言：

　　古文家以《易經》的八卦是伏犧畫的，所以《易》列在第一；《書經》中最早的篇章是《堯典》，較伏犧爲晚，所以列在第二；《詩經》中最早的是《商頌》，較堯、舜又晚，所以列在第三；《禮》、《樂》，他們以爲是周公製作的，在商之後，所以列在第四、第五；《春秋》是魯史，經過孔子修改，所以列在末了。但是我們進一步研究，古文家爲什麼用時代的早晚排列呢？這就不能不說到他們對於孔子的觀念了。他們以爲《六經》都是前代的史料，所謂《六經》皆史說——孔子是「述而不作，信而好古」的聖人，他不過將前代史料加以整理，以傳授給後人而已。

　　今文家認爲孔子是政治家、哲學家、教育家，所以他們對於《六經》的排列，是含有教育家排列課程的意味。他們以《詩》、《書》、《禮》、《樂》是普通教育或初級教育的課程；《易》、《春秋》是孔子的哲學、孔子的政治學和社會學的思想所在，非高材不能領悟，所以列在最後，可以說是孔子的專門教育或高級教育的課程。又《詩》、《書》是符號

（文字）的教育，《禮》、《樂》是實踐道德的陶冶；所以《詩》、《書》列在先，《禮》、《樂》又列在其次。總之，一《詩》、《書》，二《禮》、《樂》，三《易》、《春秋》，它們的排列是完全依照程度的深淺而定〔註1〕。

周予同先生此論述一出，廣爲其他經學史採用，如蔣伯潛、蔣祖怡《經與經學》〔註2〕，吳雁南、秦學頎、李禹階《中國經學史》都以其說爲底本，當然此說仍是受到清末今古文之爭的影響，尤其是受到主張今文學派的康有爲之說，康氏謂今文經係孔子爲後世改制，而主張古文學派的章炳麟則強調孔子「述而不作，信而好古」，其在《檢論‧清儒篇》說道：

> 治經恆以誦法討論爲劑。誦法者，以其義束身，而有隆殺；討論者，以其事觀世，有其隆之，無或殺也。西京之儒，其誦法旣狹隘，事不周浹而比次之，是故齟差失實，猶以師說效用於王官，制法決事，茲益害也。杜〔林〕、賈〔逵〕、馬〔融〕、鄭〔玄〕之倫作，即知「搏國不在敦古」；博其別記，稽其法度，覈其名實，論其群眾以觀世，而六藝復返於史，秘祝之病不漬於今。其源流清濁之所處，風化芳臭氣澤之所及，則昭然察矣〔註3〕。

依此看出今古文經在清末爭辯的熱烈，其實提出討論六經排序次第問題的人，首推唐‧陸德明，其於《經典釋文‧序》云：

> 《禮記‧經解》之說，以《詩》爲首；《七略》、《藝文志》所記，用《易》居前；阮孝緒《七錄》亦同此次；而王儉《七志》、《孝經》爲初。原其後前，義各有旨。今欲以著述早晚，經義總別，已成次第。出之如左——《周易》：雖文起周代，而卦肇伏羲。既處名教之初，故《易》爲七經之首。〔註4〕

按：漢初只有五經，東漢時出現「七經」的說法，就是指五經加上《論語》與《孝經》。陸氏以「著述早晚」爲由，把《易》列爲六經之首；此說持續到清‧龔自珍亦同意其說：

> 仲尼之未生，天下有六經久矣，仲尼未生，先有六經；仲尼既生，

〔註1〕周予同：《經學史論著選集（增訂本）》，上海書店出版社，頁6.8。

〔註2〕蔣伯潛、蔣祖怡：《經與經學》，上海書店出版社，頁5.6.12。

〔註3〕章太炎：《筆記三編簡論‧清儒》，卷四，廣文書局，頁22。

〔註4〕陸德明：《經典釋文序》，藝文印書館，頁36～38。

自明不作。仲尼曷嘗率弟子使筆其言以自制一經哉。〔註5〕

今人沿用以《易》爲六經之首之說，作爲論述古文經學的依據。但是清‧皮錫瑞《經學歷史》云：

> 讀孔子所作之經，當知孔子作六經之旨。……孔子爲萬世師表，六經即萬世教科書。……故必以經爲孔子作，始可以言經學，必知孔子作經以教萬世之旨，始可以言經學。……孔子出而有經之名。……始以《詩》、《書》、《禮》《樂》、《易》、《春秋》爲六經〔註6〕。

皮氏以孔子作六經，並以《詩》爲六經之首，廖平、康有爲同主此說，也成爲論述今文經學的依據，二說的不同，才會造成所謂的經今古文之爭。

第二節　傳世文獻之六經排序

六經的排序，先秦傳世文獻有下列 6 種不同的排法：

(1)「詩、書、禮、樂、易、春秋」《庄子‧天運》《莊子‧天下》、《禮記‧經解》、《荀子‧儒效》、《春秋繁露‧玉杯》、《史記‧儒林傳》

(2)「詩、禮、樂、書、易、春秋」《春秋繁露‧玉杯》

(3)「易、書、樂、詩、禮、春秋」《淮南子‧泰族》

(4)「禮、樂、書、詩、易、春秋」《史記‧滑稽列傳》、《太史公自序》

(5)「易、禮、書、詩、樂、春秋」《史記‧太史公自序》

(6)「易、書、詩、禮、樂、春秋」《漢書‧藝文志‧六藝略》

〔註7〕

以上六種又可歸納爲以《詩》爲首及以《易》爲首兩類：

1. 以《詩》爲首──《莊子‧天運》、《莊子‧天下》、《禮記‧經解》、《左傳‧僖公 27 年》、《荀子‧儒效》、《春秋繁露‧玉杯》、《史記‧儒林傳》

〔註5〕龔自珍：《龔定庵全集‧六經正名》，河洛圖書出版，頁5。

〔註6〕皮錫瑞：《經學歷史‧經學開闢時代》，河洛圖書出版，頁26及頁39。

〔註7〕李零：《簡帛古書與學術源流》，生活‧讀書‧新知三聯書店，頁252。

2. 以《易》爲首──《史記‧太史公自序》、《漢書‧藝文志》、《淮南子‧泰族》

由此可以清楚的看出，先秦以《詩》、《書》、《禮》、《樂》排序爲主，漢時之《淮南子》及《史記》兩種排法都有，到了班固才改變其次第，更動爲《易》、《書》、《詩》、《禮》排序，其原因爲何？先看看出土的六經排序，再來說明。

第三節　出土文獻之六經排序

在郭店楚簡中，記載如：

> ……詩書禮樂，其始出皆生於人。詩有爲爲之也。書有爲言之也。禮樂，有爲舉之也。……《性自命出》〔註8〕。

> ……觀諸詩、書則亦在矣，觀諸禮、樂則亦在矣，觀諸易、春秋則亦在矣。……《六德》〔註9〕。

> 禮，交之行述也。樂，或生或教者也。詩，所以會古今之詩也者。〔書，□□□□〕者也。易，所以會天道、人道也。春秋，所以會古今之事也。《語叢一》〔註10〕。

帛書《要》篇有如下記載：

> 孔子（籀）易至於損益一卦，未尚不廢書而歎，戒門弟子曰：……《詩》、《書》、《禮》、《樂》不□百扁，難以致之。不問於古法，不可順以辭令，不可求以志善。〔註11〕

〈六德〉中出現《詩》、《書》、《禮》、《樂》、《易》、《春秋》之名稱，其與先秦儒家視爲經典的「六經」，內容完全一致。而且甚至其列舉的順序，亦與《莊子》〈天運篇〉中所謂：「丘治《詩》、《書》、《禮》、《樂》、《易》、《春秋》之六經。」及《莊子》〈天下篇〉中所說的：「《詩》以道志；《書》以道事；《禮》以道行；《樂》以道和；《易》以道陰陽；《春秋》以道名分。」之「六經」次第，完全相同。足見當時儒家將此六經視爲經典，是毫無疑問的。

〔註8〕《郭店楚墓竹簡》，北京：文物出版社，頁179。
〔註9〕《郭店楚墓竹簡》，北京：文物出版社，頁188。
〔註10〕《郭店楚墓竹簡》，北京：文物出版社，頁192。
〔註11〕廖名春：《中國學術史新証》，四川大學出版社，頁10。

郭店楚簡的〈緇衣〉中，同時引用《詩》、《書》共七章，全是先引用《詩》，之後再引用《書》，與傳世文獻引用習慣完全一致，再對照《史記》所言：

> 《史記・孔子世家》：「孔子以《詩》、《書》、《禮》、《樂》教，身通六藝者七十有二人」〔註12〕；

> 《史記・儒林傳》：「自是之後，言《詩》，於魯則申培公，於齊則轅固生，於燕則韓太傅。言《尚書》自濟南伏生，言《禮》自魯高堂生。言《易》自菑川田生。言《春秋》於齊、魯自胡毋生，於趙自董仲舒〔註13〕。」

由此可知早期儒家將此六種典籍奉為經典，而且都是先引用《詩》，之後再引用《書》。因此先《詩》之後再《書》，是古人最早使用的排序，應無異議。

第四節　排序次第轉變之關鍵

依《史記・孔子世家》：

> 孔子晚而喜《易》，序〈彖〉、〈繫〉、〈象〉、〈說卦〉、〈文言〉、讀《易》，韋編三絕，曰：假我數年，若是，我於《易》則彬彬矣〔註14〕。

《史記・田敬仲完世家》亦記載：

> 太史公曰：蓋孔子晚而喜易。《易》之為術，幽明遠矣，非通人達才孰能注意焉！故周太史之卦田敬仲完，占至十世之後；及完奔齊，懿仲卜之亦云。田乞及常所以比犯二君，專齊國之政，非必事勢之漸然也，蓋若遵厭兆祥云〔註15〕。

班固在《漢書・儒林傳》中亦言：

> （孔子）敘《書》則斷《堯典》；稱《樂》則法韶舞；論《詩》則首《周南》；綴周之《禮》；因魯《春秋》，舉十二公行事繩之以文武之道，成一王法，至獲麟而止。蓋晚而好《易》，讀之韋編三絕，而為之《傳》〔註16〕。

〔註12〕《史記・孔子世家》，鼎文書局，頁1938。
〔註13〕《史記・儒林傳》，鼎文書局，頁3118。
〔註14〕《史記・孔子世家》，鼎文書局，頁1937。
〔註15〕《史記・田敬仲完世家》，鼎文書局，頁1903。
〔註16〕班固：《漢書・儒林傳》，鼎文書局，頁3589。

依《史記》所載，皆言孔子晚而喜易，讀《易》甚至到了章編三絕，用功之勤奮，到了無以復加的地步，近年之出土文獻，亦有相同之記載。

馬王堆帛書《要》云：

夫子老而好《易》，居則在席，行則在囊。子贛曰：「夫子它日教此弟子曰：『德行亡者，神靈之趨；知謀遠者，卜筮之繁。』賜以此爲然矣。以此言取之，賜緡行之爲也。夫子何以老而好之乎？」夫子曰：「君子言以矩方也。前（剪）羊（祥）而至者，弗羊（祥）而巧也。察其要者，不（詭）其福。《尚書》多於矣，《周易》未失也，且又（有）古之遺言焉。予非安其用也。」……「賜聞諸夫子曰：『孫（遜）正而行義，則人不惑矣。』夫子今不安其用而樂其辭，則是用倚（奇）於人也，而可乎？」子曰：「校（謬）哉，賜！吾告女（汝），《易》之道……故《易》剛者使知瞿（懼），柔者使知剛，愚人爲而不忘（妄），僎（漸）人爲而去詐。文王仁，不得其志以成其慮，紂乃無道。文王作，而辟（避）咎，然後《易》始興也。於樂其知……〔註17〕」

由《史記・孔子世家》、《史記・田敬仲完世家》、馬王堆帛書《要》的記載來看，同時都說到孔子：「老而好易」，而孔子好易之原因是甚麼呢？依據帛書《要》的記載上說：「《周易》未失也，且又古之遺言焉……《易》剛者使知懼，柔者使知剛。」理由一是《周易》具有前世聖人的遺教。一是《周易》具有「剛者使知懼，柔者使知剛」的作用。這些都是孔子以前所罕言的地方，尤其是不曾深談「剛」及「柔」的問題。

班固依劉歆《七略》分類，而劉歆爲古文家爭地位，是古文學派的代表人物，學者皆以爲班固受劉歆影響變更順序，但因《七略》一書亡佚，無法證明此說，唯於《漢書・藝文志》記載孟堅認爲易經是五經之原，其言曰：

「蓋五常之道，相須而備，而《易》爲之原。故曰『《易》不可見，則乾坤或幾乎息矣』言與天地爲終始也。至於五學，世有變更，猶五行之更用事焉。」〔註18〕

於此已充分說明以《易》爲六經排序之首之原由了，因爲：「《易》爲之原」，而「五學，世有變更」。六經次第之變動或緣於劉歆之說，或出於班固之見，

〔註17〕陳鼓應主編：《道家文化研究》第三輯，上海古籍出版，頁434。

〔註18〕班固：《漢書・藝文志》，鼎文書局1979年11月，頁1723。

之後《隋書・經籍志》、《唐書・經籍志》、《新唐書・藝文志》、《宋史・藝文志》、《明史・藝文志》、《清史稿・藝文志》皆採六經以易爲首之排序〔註19〕，無怪乎清儒有如此推衍之辭。

　　本人以爲時至東漢，史學觀念已臻成熟，劃出新的範疇，進入全新的領域，風潮所至，時人思考典籍之作用，必將納入史學觀念來陳述。而且孔子喜易並爲之作傳，大大提升了《易經》的地位，也一定引起眾人的關注，以至先秦僅以《詩》、《書》之次第稱說典籍，到西漢時《詩》、《書》或《易》、《詩》兩說之次第並存，這已說明觀點已在轉變中。因此造成六經排序的改變，關鍵就在孔子晚年喜易以及東漢史學觀念的萌發。

〔註19〕《後漢書・儒林傳》，鼎文書局，頁 2549，《隨書・經籍志》，鼎文書局，頁 903，《唐書・經籍志》，鼎文書局，頁 1961，《新唐書・藝文志》，鼎文書局，頁 1422，《宋史・藝文志》，鼎文書局，頁 5034，《明史・藝文志》，鼎文書局，頁 2344，《清史稿・藝文志》，鼎文書局，頁 4220。

第三章　簡帛與今古文

第一節　緒　論

　　昔人云：「禮樂尊周孔，聲名慕漢唐。」兩漢之文治武功成爲了解歷代各朝政治文化的門徑，然使儒學定於一尊，實源於漢武帝時，董仲舒提倡「罷黜百家，表章六經」，置五經博士，促使經學成爲官學，因此經學深入於政治、思想、文化、學術各個領域。由此可知，經學蓬勃的發展對兩漢的興衰，影響至深至鉅。

　　本文首先說明「經今古文之爭」乃兩漢經學之重要課題。從西漢末至東漢末，歷經兩百多年一直爭論不休，對兩漢的興衰影響深遠。其次，說明造成「經今古文之爭」之因由，當時以「大一統」爲首要目標，政策和措施必推「一統」爲方針，因而政治面和學術面必然彼此互動及相互影響，武帝實施「罷黜百家，表彰六經」之因本在此；分析造成「經今古文」歧異之原由，由文字及經說兩個角度來剖析造成「經今古文」歧異之脈絡；陳述「經今古文之爭」之始末，從「石渠閣會議」、「白虎觀會議」以及四次論爭，其目的在求統一經說，但結果是無法統一。最後敘說「經今古文」對兩漢政治及學術上之影響。漢朝確實以「通經致用」解決政治上許多問題，社會上制禮作樂亦以經義爲依據，但章句繁瑣、陰陽讖緯相雜，致使經學走向衰亡之途。

　　如欲了解兩漢經學之發展，必須釐清「今古文之爭」之始末，而欲釐清「今古文之爭」之始末，必先釐清何謂「今文」？何謂「古文」？何謂「今文經」？何謂「古文經」？有了正確了解，才能掌握兩漢經學之發展。直至

今日，對上述問題，有各家說詞，莫衷一是，近年秦漢地下出土文物不少，如：睡虎地秦簡、郭店竹簡、銀雀山漢簡、馬王堆漢墓帛書等，必能提供新資訊，有助解決疑惑，方可進一步了解兩漢經學流變的過程、以及對兩漢政治、學術上的影響。

其間或爲爭立學官、或爲學術立場之異，今文學家與古文學家產生多次爭辯。然而傳統上習慣以漢代以前的文字稱「古文」，以隸書抄寫的爲「今文」，並以此來劃分「古文經」與「今文經」的標準，但由出土的史料來論，以此爲認定標準是值得商榷的。

因此本章自第二節以下造成「經今古文之爭」之因、造成「經今古文」歧異之分析、「經今古文之爭」之始末及「經今古文之爭」對兩漢政治上、學術上之影響四部分來闡述其原由。

第二節　造成「今古文之爭」之因

造成兩漢經學「今古文之爭」之遠因肇始於秦始皇焚書，若無焚書也就無孔壁本、中秘本之分；近因始於劉歆提出古文經傳立於學官。其引起爭論之關鍵處在於漢武帝立五經博士，然而漢武帝何以「罷黜百家，表章六經」〔註1〕，立五經博士？綜觀兩漢經學之最大特徵在於「通經致用」，而其最終目的在於達成學術統一、政治統一。

1、背景：

（1）政治上：漢行郡國制，諸侯王之驕縱及其勢力的壯大，造成主政者極大的困擾，文帝時就有濟北王叛亂事件，淮南王謀反事件，經袁盎、賈誼、晁錯建議削地政策，引發景帝時之七國之亂，七國以誅殺晁錯爲由作亂，距武帝登基不過十餘年，促使武帝即位後實施「推恩」政策，爲俾便統一，執政更趨於集權。

（2）學術上：春秋戰國以來，天下一統是朝野一致之需求，不僅呈現在政治面，思想上的統一運動亦時相呼應，如《呂氏春秋》匯集儒、道、墨、法、名、陰陽等各家思想，融會合一創新說；《淮南子》亦如《呂氏春秋》融合各家作學術統一運動；而《春秋繁露》有墨

〔註1〕《漢書‧武帝紀第六》，鼎文書局，頁212，1979年。

子的天志思想、荀子的人爲思想、韓非的法術思想，可見「大一統」
是當時代迫切需求。

（3）時局上：漢武帝登基年十七，其爲太子時之太傅爲王臧，王臧師申
公，故武帝受先生影響而崇儒學是理所當然。

2、歷程：

　　武帝建元元年，丞相衛綰奏：「所舉賢良，或治申、商、韓非、蘇秦、張儀之言，亂國政，請皆罷。」〔註 2〕及董仲舒言：「諸不在六藝之科孔子之術者，皆絕其道，勿使並進。〔註 3〕」成爲武帝治國之策，五年，立五經博士，從此「罷黜百家，表章六經」，僅五經可立學官。武帝何以廢法術之士？一因秦亡之前車之鑑，再者致使七國之亂者晁錯乃申商之徒，且由其求賢詔內容看出所求：一是返回先王禮樂之治，二爲求賢，三是符命災異之事。行禮樂之事者自是儒家才適用，且興太學，置明師才有賢才可用，亦是只有儒家符合此政策，罷黜百家自是必然之事，而言及符命災異之說，亦可見陰陽五行影響之深之遠〔註 4〕。總之無論在政治面、學術面的任何措施，優先考量的就是以統一爲目標。

第三節　造成「今古文經」歧異之分析

　　論及兩漢經學「今古文」者，咸以東漢・荀悅及清・皮錫瑞闡述最确。

　　荀悅云：「仲尼作經，本一而已，古今文不同，而皆自謂眞本經。古今先師，義一而已，異家別說不同，而皆自謂古今。〔註 5〕」

　　皮錫瑞云：「兩漢經學有今古文之分。今古文所以分，其先由於文字之異。今文者，今所謂隸書，世所傳熹平石經及孔廟等處漢碑是也。古文者，今所謂籀書，世所傳岐陽石鼓及《說文》所載古文是也。隸書，漢世通行，故當時謂之今文；猶今人之於楷書，人人盡識者也。籀書，漢世已不通行，故當時謂之古文；猶今人之於篆、隸，不能人人盡識者也。凡文字必人人盡識，方可以教初學。許慎謂孔子寫定六經，皆用古文；然則，孔氏與伏生所藏書，

〔註 2〕《漢書・武帝紀第六》，鼎文書局，頁 156。
〔註 3〕《漢書・董仲舒傳第 26》，鼎文書局，頁 2522。
〔註 4〕《漢書・董仲舒傳第 26》，鼎文書局，頁 2508。
〔註 5〕荀悅：《申鑑卷 2.時事篇》，四庫全書子部儒家，頁 12。

亦必是古文。漢初發藏以授生徒，必改爲通行之今文，乃便學者誦習。故漢立博士十四，皆今文家。而當古文未興之前，未嘗別立今文之名。《史記・儒林傳》云：「孔氏有《古文尚書》，而安國以今文讀之。」乃就尚書之古今文字而言。而魯、齊、韓《詩》、《公羊春秋》、《史記》不云今文家也。至劉歆始增置《古文尚書》、《毛詩》、《周官》、《左氏春秋》。既立學官，必創說解，後漢衛宏、賈逵、馬融，又遞爲增補，以行於世，遂與今文分道揚鑣。〔註6〕」

二人文中皆透顯出：「經今古文」問題，大致分文字及經說二者不同。漢初爲便於學者誦習，乃以通行之隸書改寫經書，遂有今文、古文之別；古文既立學官，必有說解，今古文之分，非惟文字不同，而說解亦異。

1、以文字不同來區分

王國維有：漢時古文諸經有轉寫本之說〔註7〕。

王靜芝云：「漢初傳經，用口述傳寫，所用的文字當然是當然通行的隸書。後來發現的秦前遺留下來的經書，當然是秦以前的文字所寫成」〔註8〕

錢穆提出：五經皆「古文」，由轉寫而爲「今文」；其未經轉寫者，仍爲「古文」。〔註9〕

徐復觀亦言：漢初的今文皆來自於古文，而古文以隸書改後即爲今文。〔註10〕

諸家之說，應證了荀氏、皮氏所言，而依據王貴元先生以近年出土之漢墓馬王堆帛書，來研究漢字構形而發現：馬王堆帛書抄寫年代爲漢初，所呈現之隸書正處於由小篆到漢隸的發展過程。亦反映了漢字由古文字到今文字的轉化階段。〔註11〕隸書在漢字發展上爲重要轉折期，由睡虎地秦簡已使用隸書，可知秦、漢初正處於文字轉型交替時期。

而錢穆云：「漢武帝以前的古文指儒家的舊籍經典；今文則是戰國以來興起的百家語。」〔註12〕

〔註6〕 皮錫瑞：《經學歷史》，河洛圖書出版，頁87，1983年。
〔註7〕 王國維：《觀堂集林卷7》，河洛圖書出版，頁827。
〔註8〕 王靜芝：《經學通論》上冊，環球書局，頁73。
〔註9〕 錢穆：《國學概論》，商務印書館，頁81。
〔註10〕 徐復觀：《中國經學史的基礎》，學生書局，頁127。
〔註11〕 王貴元：《馬王堆帛書漢字構形系統研究》，廣西教育出版，頁8。
〔註12〕 汪學群：《錢穆學術思想評傳》，北京圖書館出版，頁79。

　　徐復觀亦云「今文與古文的分別，其實不在字體的不同，漢初的今文皆來自於古文，而古文以隸書改寫後即爲今文。凡流布中的字體是相同的，即同爲隸書。今古文的分別，乃在文字上有出入，及由文字上的出入而引起解釋上的出入。」〔註13〕

　　李學勤指出：郭店楚簡《緇衣》發現其引文同《古文尚書》〔註14〕，銀雀山漢簡和馬王堆帛書，文字多用隸體，寫於漢初，用字情況往往與許愼、鄭玄所見的古文經一致，文字卻不同於許、鄭所謂的今文。例如「位」字在銀雀山漢簡和馬王堆帛書《周易》中均作「立」，而據《周禮・小宗伯》鄭注，「立」爲古文，「位」爲今文；「其」字在銀雀山漢簡和馬王堆帛書均寫爲「亓」，而據《玉篇》「亓」爲古文，「其」爲今文；「終」字在銀雀山漢簡和馬王堆帛書均寫爲「冬」，而據《說文》，「冬」爲古文，「終」爲今文；「德」在銀雀山漢簡寫爲「悳」，而據《說文》，「悳」爲古文「德」爲今文。高明先生也說道：

> 廖平不同意以文字異同來區分今文經學和古文文經學，有一定的道理。今古經文異字互用，很難判斷是今是古。但是兩派經師根據不同的的解釋，這就成爲他們後來形成今古文學兩派的重要根源〔註15〕。

可見，戰國至漢初無論文字、用語上，正處於新舊交替階段，難免夾雜互用。故以文字不同來區分，確實說明「經今古文」之異，但不能以此爲界說。

2、以經說不同來區分

　　許愼在《五經異義》中，凡立於學官，則於經書前冠之「今」，反之，未立學官，則於經書前冠以「古」，顯然以立學官與否爲今古文經之依據。

　　宋翔鳳以爲：學官諸經，聖人之法已備，不必求之放失。況其文字附會每多，漢儒所以篤守師法，以不誦絕之，職此之由耳〔註16〕。

　　顧頡剛提出：「從歷史看，今文家先起，古文家後起，然而古文家經過一番修補，並不是眞正的古文，乃是漢魏、六朝時人用了他們的思想改造過來的。今文家則是從孔子的思想慢慢地演變而來的〔註17〕。」

〔註13〕徐復觀：《中國經學史的基礎》，學生書局，頁127。
〔註14〕李學勤：〈郭店楚簡與儒家經籍〉，中國哲學20輯，遼寧教育出版，頁20。
〔註15〕高明：《高明論著選集》，科學出版社，頁322。
〔註16〕宋翔鳳：《續皇清經解・過庭錄》，藝文印書館，頁933。
〔註17〕劉麗梛：《顧頡剛學術思想評傳》，北京圖書館出版，頁125。

　　廖平則用禮制分別今古：以《王制》爲今學之主，《周禮》爲古學之主
〔註18〕。

　　總論各家所言，如以學官爲別，又未必盡然，古文經亦曾立於學官；且
《高氏易》爲今文經學、《儀禮經》爲古文經學，皆未立學官；其實由石渠閣
會議中，包括了五經的全部內容，文件已散佚，從殘存的篇籍來看，內容主
要是宗法禮制的實際問題〔註19〕。再依《白虎通義》一書中，引書傳偏向禮
學，詮釋經典時偏重禮制、典儀、禮文等範疇〔註20〕。在《五經異議疏證》
中羅列出今說古說，廖平據此揭示禮制爲今文經與古文經區別之因由。由此
則可尋得一脈絡，今古文經之分，主要在禮制上看法之紛歧，之所以紛歧，
是爲達成「大一統」之需求而產生不同觀點。天下要統一，皇帝要更換，制
度要改革，「禮」、「法」不能再照周、秦〔註21〕。若依廖平言《王制》爲今文
家所宗、《周禮》爲古文家所祖，依今人之考證，《周禮》爲戰國末期之作品
〔註22〕。而《王制》亦非先秦舊書，或爲文帝時期之作〔註23〕。依廖平言《王制》
與《周禮》都是後師推演的理想制度，《王制》的四代之制，不是歷史上的虞、
夏、商、周眞正實施過的典制〔註24〕。而顧頡剛亦提出同樣看法。高明先認
爲：廖平把《王制》與《周禮》視爲今古文學區分的根本。在他看來似乎先
有主《王制》與主《周禮》的兩個系統，然後生發出漢代的今古文學，故把
此一學派之爭上推至先秦，純屬主觀臆測。兩漢經學既是「通經致用」，隨著
當時時代所需而作應變，亦是理所當然了。廖平看出制度隨著潮代改變，禮
制是影響今古文經的主要因素，當屬正確，至於是不是《王制》與《周禮》
主導，實情顯非如此。

第四節　「經今古文之爭」之始末

　　「經今古文之爭」始於哀帝時，劉歆欲立古文經傳於學官。在此之前，
惠帝除挾書律，朝廷廣開獻書之路，諸侯王中，以河間獻王倡儒學尤力「其

〔註18〕李耀先：《廖平學術論著選集・今古學考》，巴蜀書社，頁42。
〔註19〕金春峰：《漢代思想史》，中國社會科學出版，頁328。
〔註20〕邱秀春：《白虎通義》，與東漢經學的發展輔大博論，頁261。
〔註21〕錢穆：《經學大要》，蘭台出版社，頁110。
〔註22〕金春峰：《周官之成書及其反映的文化與時代新考》，東大圖書出版，頁5。
〔註23〕陳瑞庚：《王制著成之時代及其制度與周禮之異同》，嘉欣水泥公司，頁40。
〔註24〕李耀先：《廖平學術論著選集・今古學考》，巴蜀書社，頁82。

學舉六藝，立《毛氏詩》、《左氏春秋》博士」〔註 25〕，由此看來，不必等到劉歆提《毛氏詩》、《左氏春秋》立於學官，惠帝時已有之，惜未續倡之；文帝「欲廣遊學之路，《論語》、《孝經》、《孟子》、《爾雅》皆置博士」〔註 26〕，亦有詩（魯申公、燕韓嬰）、書（伏生弟子歐陽生）博士、「陳終始傳五德事」之公孫臣為博士、嘗學申商刑名之學的晁錯為博士，文帝時代，諸子經傳皆可立於學官，風氣最為開放；景帝立詩（齊轅固生）、春秋（董仲舒、胡毋生）為博士；武帝建元五年立五經博士；昭帝增加博士弟子員額，至東漢竟至三萬餘人，足證經學之盛況。武帝之前，諸子經傳皆可立於學官，武帝之後，僅限五經可立學官。

第一次今古文之爭

在此以前，漢廷所立的五經十四博士如下：

《詩》：魯（申培）——文帝立

　　　　齊（轅固）——文帝立

　　　　韓（韓嬰）——景帝立

《書》：歐陽（生）——武帝立

　　　　大夏侯（勝）—宣帝立

　　　　小夏侯（建）—宣帝立

《禮》：大戴（德）——武帝立

　　　　小戴（聖）——宣帝立

《易》：施（讎）———武帝

　　　　孟（喜）———宣帝立

　　　　梁丘（賀）——梁丘三家

　　　　京（房）———元帝立

《公羊春秋》：

　　　　嚴（彭祖）——武帝立

　　　　顏（安樂）——宣帝立

由這些紀錄看來，當時的經書都是用隸書抄寫的文本，當時並沒有今古文的

〔註25〕《漢書景十三王傳》，鼎文書局，頁 2410。
〔註26〕趙岐：《孟子題辭》，藝文印書館，頁 7。

分別,當然也沒有今文經、古文經的區別,這些隸書抄本就是後來所謂的「今文經」。廖平云:

> 初不得古學原始,疑皆哀、平之際學人所開。不然,何以漢初惟傳今學,不習古文?繼乃知古學漢初與今學並傳,皆有傳授。所以微絕,則以文帝所求伏生,武帝所用公孫弘,皆今文先師。黨同伐異,古學世無顯達,因此不敵。《毛詩》假河間獻王之力,猶存授受。至於《左傳》、《周禮》,遂已絕焉。西漢今學甚盛,皆以古學爲怪,惡聞其說,習之何益,故不再傳而絕。觀劉子駿爭立,諸儒仇之,可知古學之微,非舊無傳,蓋已非當時所貴爾〔註27〕。

廖平認爲漢初今文經與古文經並無區別,今文經由漢廷所立博士,古文經非當時所看重,經劉歆向皇帝提出將古文經立於學官:

> 及歆親近,欲建立《左氏春秋》及《毛詩》、《逸禮》、《古文尚書》皆列於學官。哀帝令歆與五經博士講論其議,諸博士或不肯置對,歆因移書太常博士責讓之,……其言甚切,諸儒皆怨恨。是時名儒光祿大夫龔勝以歆移書上疏深自罪責,願乞駭骨罷。及儒者師丹爲大司空,亦大怒,奏歆改亂舊章,非毀先帝所立。上曰:「歆廣道術,亦何以爲非毀哉?」歆由是忤執政大臣,爲眾儒所訕,懼誅,求出補吏,爲河內太守〔註28〕。

西漢哀帝時,劉歆與太常博士爭立《古文尚書》、《逸禮》、《左傳》、《毛詩》。哀帝令劉歆與五經博士講論其義,諸博士不與劉歆講論,兩派無交手,但當〈讓太常博士書〉一文出,大司空師丹怒責劉歆「改亂舊章,非毀先帝所立」,古文經未能立於學官。

第二次今古文之爭

東漢光武帝時,韓歆、陳元與范升爭立《費氏易》、《左氏春秋》。據《漢書》所言:

> 諸儒以《左氏》之立,論議讙譁,自公卿以下,數廷爭之,會封病卒,《左氏》復廢〔註29〕。

〔註27〕 李耀先:《廖平學術論著選集・今古學考》,巴蜀書社,頁96。
〔註28〕 班固:《漢書・劉歆傳》,鼎文書局,頁1971~1972。
〔註29〕 范曄:《後漢書・陳元列傳》,鼎文書局,頁1233。

劉歆「以爲左丘明好惡與聖人同，親見天子，而公羊、穀梁在七十

　　子後，傳聞之與親見之，其詳略不同〔註30〕。」

范升以「左氏淺末，不宜立」、「不祖孔子」、「且非先帝所存，無因得立」、「無
有本師，而多反異」爲由反對；陳元上疏爭論「丘明至賢，親受孔子，而公
羊、穀梁傳聞於後世。」且「石渠論而穀梁氏興，至今與公羊並存。此先帝
後帝各有所立，不必其相因也。」破范升「先帝不以左氏爲經，故不置博士，
後主所宜因襲〔註31〕」之說，《左氏學》卒立學官，然旋即又廢。

　　前次今文家以「非毀先帝所立」爲由反對，此次古文家則以「先帝後帝
各有所立」駁之，二者所爭論者乃爲孰才是「正統」，古文家雖贏得了短暫的
勝利，終遭廢除。

第三次今古文之爭

　　章帝本人特好《古文尚書》、《左氏傳》，建初元年（西元七六年）昭古文
大師賈逵入講北宮白虎觀、南宮雲台，以逵說爲善，要求賈逵說明《左氏傳》
大義長於二傳《公羊》、《穀梁》者。賈逵提出《左氏》的若干優點，並強調：

　　《左氏》義深於君父，《公羊》多任於權變。……五經家皆無以證圖讖明
劉氏爲堯後者，而《左氏》獨有明文。五經家皆言顓頊代黃帝，而堯不得爲
火德。《左氏》以爲少昊代黃帝，即圖讖所謂帝宣也。如令堯不得爲火，則漢
不得爲赤。其所發明，補益實多。

　　賈逵以讖言說詞迎得章帝的歡心，不僅賞賜有加，並且令逵自選《公羊》
嚴、顏諸生高才者二十人，教以《左氏》。

　　賈逵諂諛取寵的作風引起今文學者的不滿，當時《公羊》學者李育即認
爲《左氏》雖有文采，但是不得聖人深意，於是作難《左氏》義四十一事。
章帝建初四年詔令「太常，將、大夫、博士、議郎、郎官及諸生、諸儒會白
虎觀，講議五經同異。」這就是著名的「白虎觀會議」。這次學術會議中，「（李）
育以《公羊》義難賈逵，往返皆有理證，最爲通儒〔註32〕。」

　　東漢章帝時，賈逵與李育論辯《公羊》、《左氏傳》之義。賈逵具條奏之
肅宗：「摘出《左氏》三十事尤著明者，斯皆君臣之正義，父子之紀綱，其餘

〔註30〕班固：《漢書‧楚元王傳》，鼎文書局，頁 1967。
〔註31〕范曄：《後漢書‧鄭范陳賈張列傳》，鼎文書局，頁 1228。
〔註32〕范曄：《後漢書‧儒林傳》，鼎文書局，頁 2582。

同《公羊》者什有七八，或文簡小異，無害大體。」且言及：「五經家皆無以證圖讖明劉氏爲堯後者，而《左氏》獨有明文〔註33〕。」帝善逯言，故選才受《左氏》、《穀梁春秋》、《古文尚書》、《毛詩》，由是四經遂行於世〔註34〕。觀此兩次之爭辯，今古文學之興衰，深受君上好惡左右。

第四次今古文之爭

　　東漢桓、靈帝時，鄭玄、何休論辯《公羊》、《左氏》優劣。當時《公羊》學大師何休「與其師羊弼，追述李育意以難二傳，作《公羊墨守》、《左氏膏肓》、《穀梁廢疾》。何休的意見，不爲鄭玄所接受，何休作《公羊墨守》、《左氏膏肓》、《穀梁廢疾》，鄭玄則駁以《發墨守》、《箴膏肓》、《起廢疾》，何休見其書而嘆曰：「康成入吾室，操吾矛，以伐我乎〔註35〕！」

　　第四次的何休、鄭玄的爭論純粹是學術上的爭辯外，其餘三次的爭論重點都在立學官與反對立學官上，這與說經成爲利祿之途自然脫離不了關係。再就爭論的中心來說，主要是《公羊》與《左氏》二書，爭執的關鍵在《左氏》是否傳經及各家說《春秋》的優劣問題上，這和漢代經學講通經致用、重視《春秋》的風氣也有一定的關連。

　　在劉歆之前，宣帝曾詔諸儒講五經同異，各以經處是非〔註36〕，召開「石渠閣會議」，擬從眾多經書中找出一些共同之思想原則，讓大家均能接受，且以經義適應實際政治所需；和帝時倣「石渠閣會議」所召開之「白虎觀會議」，同以「講論五經同異」爲題，與會者所論大多爲禮制議題，兩次會議及四次爭辯，皆未能統一經說。

　　「今古文之爭」從西漢末至東漢末二百多年間，立於學官者始終是今文經，古文經不過是曇花一現。然而古文經在民間流傳的情勢是方興未艾，直至鄭玄注經，今古文由分立而混合爲一。

第五節　今古文之爭之影響

　　「通經致用」在兩漢是非常普遍的，「在政治上，舉凡受命改制、廢立君

〔註33〕范曄：《後漢書‧鄭范陳賈張列傳》，鼎文書局，頁1236。
〔註34〕范曄：《後漢書‧鄭范陳賈張列傳》，鼎文書局，頁1239。
〔註35〕范曄：《後漢書‧張曹鄭列傳》，鼎文書局，頁1208。
〔註36〕《漢書‧儒林傳》，鼎文書局，頁3619。

王皇後、任官賜爵、征伐匈奴等，無一不以經義爲依據」；在社會生活方面，制作禮樂、服喪、移風易俗等，也都以經義爲依據〔註37〕；在學術上，王靜芝提出：「今古文之爭」在兩漢造成了一種形勢，古文家想盡辦法，證明自己的學問是比今文家更來之有據，更完整的學問。今文家想盡方法，指古文爲僞造，不可信，而竭力維護自己的今文經是完備的，可信的。古文家以文字訓詁之學爲基本。小學盛行之後，對許多古籍的了解、整理，有甚大的成就〔註38〕。古文經聲勢凌駕今文經後，就一直處於屹立不搖的地位，忠實地反應經典的原貌，是其最大特色。

　　錢穆亦言：

　　漢武立五經博士，本爲通經致用，至宣帝時，博士之學已流於章句，光武帝下令刪五經章句，章句繁瑣比附，不足以靨賢俊之望，且至桓帝時太學生三萬人，大都居於京師，目擊世事之黑暗污濁，轉移其興趣於政治社會實際問題，放言高論，則爲清議，從此促成黨錮之獄〔註39〕，足證今古文之爭影響非常深遠。今文經始終和政治關係密切，直至清朝康有爲助清廷維新變法，就是根據《春秋公羊傳》中的「微言大義」，因此有人說今文經是「變」的哲學，即使有許多人對《春秋公羊傳》的理論提出非議，但其「權變」的魔力，卻影響至深至鉅。

〔註37〕何照清：《兩漢公羊學及其對當時政治之影響》，輔大碩論，頁81。
〔註38〕王靜芝：《經學通論》，上冊環球書局，頁92。
〔註39〕錢穆：《國史大綱》，上冊台灣商務印書館，頁132。

第四章　簡帛與五行學說

第一節　緒　論

　　有關「五行」之界說，最常見者有二：一是五種物質：金、木、水、火、土，一是五德：仁、義、禮、智、聖。金、木、水、火、土在《尚書》已有記載；仁、義、禮、智、聖為五行之說在此之前不曾出現，人們慣常稱仁、義、禮、智、信為五行的是在漢儒之時，二者在戰國時期都有各自的發展，其中一支金、木、水、火、土與陰陽結合，對漢代造成重大的影響；另一支竹帛《五行》的出土，構建了儒家道德體系之雛型。本文將分別討論其發展及其影響。

第二節　簡帛之五行

　　自馬王堆漢墓帛書《五行》發表以來，龐樸等先生作了重要的研究，成績斐然。在郭店楚墓竹簡中，又出土了竹簡本《五行》，兩種《五行》內容有些不同，也再度引起大家的關注。

　　龐樸先生指出郭店簡墓葬年代當在孟子、莊子、屈原、荀子在世之時，其根據考古家墓葬刑制及器物紋樣等推定 〔註1〕，同時說道：

　　仁、義、禮、智、聖五行的關係，與子思《中庸》

〔註1〕龐樸：《竹帛〈五行篇〉校注及研究》，萬卷樓，頁102。

「唯天下至聖，爲能聰明睿知，足以有臨也；寬裕溫柔，足以有容也；發強剛毅，足以有執也；齊莊中正，足以有敬也；文理密察，足以有別也」一段相對應[註2]。

金、木、水、火、土的五行是人人熟知的，子思何以仍稱仁、義等爲五行？李學勤先生認爲是子思創五行說，子思所依據的思想資料，李先生說是來自於《尚書‧洪範》，名稱是偶合？還是有其特殊的來源？李先生很慎重其事地加以探討，提出：

仁、義、禮、智、聖五行，《中庸》「唯天下至聖」一段與《尚書‧洪範》篇「初一日五行，次二日敬用五事」之「五事」有對應關係[註3]。

《洪範》的五事是：「一日貌，二日言，三日視，四日聽，五日思。貌曰恭，言曰從，視曰明，聽曰聰，思曰睿。恭作肅，從作義，明作哲，聰作謀，睿作聖。」李先生把兩者之間的對應關係作一比較，如下表：

	《洪範》	《中庸》	《五行》
土	思日睿，睿作聖	聰明睿知，足以有臨也	聖
金	聽日聰，聰作謀	寬裕溫柔，足以有容也	仁
火	言日從，從作義	發強剛毅，足以有執也	義
水	貌日恭，恭作肅	齊莊中正，足以有敬也	禮
木	視日明，明作哲	文理密察，足以有別也	智

《洪範》的「五事」與「五行」是相配的，但是《中庸》「寬裕溫柔，足以有容也」與「聽日聰」、「聰作謀」一項不相應。李先生認爲這應該是由於「仁」的範疇出現較晚，在《洪範》的時期還不可能包括。李先生還指出這時的五行尚未形成相生或相剋的次序，而是與《國語‧鄭語》記周幽王時史伯的「以土與金、木、水、火雜」相同[註4]。

[註2] 龐樸：《竹帛〈五行篇〉校注及研究》，萬卷樓，頁101。
[註3] 李學勤：《簡帛佚籍與學術史‧帛書〈五行〉與〈尚書‧洪範〉》，江西出版社，頁283～284。
[註4] 李學勤：《帛書〈五行〉與〈尚書‧洪範〉》，載《簡帛佚籍與學術史》，283～284頁。龐樸先生認爲《尚書‧洪範》中是五者並列的五行說，《國語‧鄭語》是尚土說，稍晚，見龐氏著：《先秦五行說之嬗變》，載《稂莠集——中國文化與哲學論集》，上海人民出版社。

可以發現，戰國時期，無論是哪種五行，都正當紅，都在尋求新組合，新內容。爲了區別，才把仁、義、禮、智、信改稱五常。如何解讀何以稱「聖」呢？

在鄭玄的注中，記載了鄭玄所見到的孔子論「聖」之語。在《尚書大傳・洪範五行傳》中：

> 《洪範》的第五事「思」作「思心」：「次五事曰思心，思心之不容，是謂不聖。」鄭注：「容」，當爲睿。睿，通也。心明曰聖，孔子說「休徵」曰：聖者，通也。兼四而明，則所謂聖。聖者，包貌、言、視、聽而載之以思心者，通以待之。君思心不通，則臣不能心明其事也。〔註5〕

《尚書大傳》同篇又有「子曰：心之精神是謂聖。」而這段話在《孔叢子・記問》中明確記載是孔子答子思之語：「子思問於夫子曰：

> 「物有形類，事有眞僞，必審之，奚由，子曰：由乎心。心之精神是謂聖。推數究理不以疑，心誠神通則數不能遁。周其所察，聖仁難諸。〔註6〕」

若依《孔叢子》匯編來看，而且還有《尚書大傳》相同之語可以對應，因此所引孔子之語應該是可信的。這恐怕也就是荀子批評說「案飾其辭而祇敬之曰：此眞先君子之言也」的原因。《白虎通・聖人》、《說文解字》均以「通」釋聖，此外《論語・季氏》表明孔子對於「思」很重視：「孔子曰：君子有九思：視思明，聽思聰，色思溫，貌思恭，言思忠，事思敬，疑思問，忿思難，見得思義。」這說明《尚書大傳》、鄭注應非虛造。而且在傳世文獻中，孔子還有一些相關的話，不少學者已經論及。

可以看出，《洪範》中的「思心」與貌、言、視、聽不止是並列的關係，而且是思心爲貌、言、視、聽之載，思心通此四者，乃爲聖。看重思心的作用，《五行》中很明顯，不但有「耳目鼻口手足六者，心之役也。心曰唯，莫敢不唯；諾，莫敢不諾；進，莫敢不進；後，莫敢不後；深，莫敢不深；淺，莫敢不淺。」而且思心與仁、義、禮、智、聖的關係很密切，所謂「德之行」與「行」的區別，即在於仁、義、禮、智、聖是否形於內，而形於內者，龐樸注曰：「內，心中。〔註7〕」就是形於心。

〔註5〕清・王闓運：《尚書大傳補注》，「叢書集成初編」，北京，中華書局，1991。

〔註6〕孔鮒：《孔叢子・刑論》，國學基本叢書，台灣商務，頁32。

〔註7〕龐樸：《竹帛〈五行篇〉校注及研究》，萬卷樓，頁29。

《五行‧經5》中也可證明，如：「不仁，思不能清。不智，思不能長。……不聖，思不能輕。」《五行‧經 6》又再次申說：「仁之思也清……智之思也長……聖之思也輕。」論述了思與仁、智、聖的關係。其餘的《五行‧經 11～12》「不直不迣，不迣不果，不果不簡，不簡不行，不行不義」，以及「不遠不敬，不敬不嚴，不嚴不尊，不尊不恭，不恭無禮」，雖然沒有提到思或心與義、禮的關係，但是「說」文中有「直也者，直其中心也，義氣也」，和「遠心也者，禮氣也。」這說明思心與仁、義、禮、智、聖有很重要的關係，在思心與聖的關係上，《五行》與上述孔子的思想有一致性。

此外，在《五行》中也有反映，聖之與貌、言、視、聽的關係。《五行‧經6》：「仁之思也清，清則察，察則安，安則溫，溫則悅，悅則戚，戚則親，親則愛，愛則玉色，玉色則形，形則仁。智之思也長，長則得，得則不忘，不忘則明，明則見賢人，見賢人則玉色，玉色則形，形則智。聖之思也輕，輕則形，形則不忘，不忘則聰，聰則聞君子道，聞君子道則玉音，玉音則形，形則聖。」提到了仁、聖、智之思與玉色、玉言（音），的關係，玉色、玉言是由思到仁聖智過程中的一個階段。玉色、玉言，實際就是有關貌和言的問題。而對於聖、智之思所得的聰明，〈說 13〉中提到「聰也者，聖之藏於耳者也；明也者，智之藏於目者也。聰，聖之始也；明，智之始也。」說明耳目也與聖智有關，這就是指的耳目之視、聽的功能。因此，由思心而得的貌、言、視、聽，是通往仁、聖、智過程中的步驟，實際上也就是通達於聖的步驟。以之與上面孔子之語對比，不難發現《五行》與《尚書‧洪範》「五事」的聯繫。《洪範》「五事」配「五行」，因而仁、義、禮、智、聖之稱「五行」，淵源有自。而且，《五行》雖然對孔子之語加以改造，但是孔子的思想還是包含在文中。

《尚書‧洪範》「五事」是「心明曰聖」而又「包貌、言、視、聽而載之以思心者，通以待之」乃爲聖。《五行》則以這種觀念爲思想基礎，據《五行》中的」德之行五，和謂之德，四行和謂之善。善，人道也；德，天道也」，以及帛書《德聖》的「四行成，善心起十四行形，聖氣作」〔註8〕來看，聖就是與仁、義、禮、智並列而又超越其上的。《中庸》「唯天下至聖」一段中，與「聖」相應的就是「聰明睿智」，不論是就貌言視聽還是就仁、義、禮、智來看，「聖」都是既與之並列，而又超越其上的。

〔註8〕古文獻研究室：《馬王堆漢墓帛書（一）》，北京，文物出版社，頁39。

第三節　簡帛之陰陽說

在春秋以前，基本上，「陰陽」一詞大抵單指日照明暗之意的自然現象，由《尚書》、《詩經》、《左傳》中多處可證；〔註9〕由明暗意引申出冷暖意，最後才有陰氣陽氣之說，《左傳》、《國語》中「陰陽」已用來解釋隕星、風等天候，與《詩經》時代純指日照明暗現象的含義已有分別，但仍侷限在自然事物的描述上。但是，也開始出現直指吉凶意，最著名者如伯陽父論地震，〔註10〕一再強調陰陽與災異結合，此種思維雖是初萌，但「陰陽」之意涵明顯擴大。

時至戰國，「陰陽」意涵更加豐富，梁任公言：「「陰陽」二字意義之遞變，蓋自老子始」；〔註11〕陳鼓應則提出「老子只在談到宇宙生成時用到過「陰陽」，到了莊子「陰陽」概念被大加發揮，莊子書中「陰陽」一詞出現約30次」以及「從老子的道生……萬物，萬物負陰而抱陽」「到莊子「易以道陰陽」乃至《繫辭》「一陰一陽之謂道」，可以清楚地見出先秦陰陽觀念的發展脈絡。〔註12〕值得注意的是戰國「陰陽」一詞的意涵改變而富於哲理，仍然侷限於自然界，尚未滲透到人間世。由帛書《稱》中之陰陽說，已可看出「陰陽」思想擴大化。

帛書《稱》：

> 凡論，必以陰陽〔明〕大義。天陽地陰。春陽秋陰；夏陽冬陰。晝陽夜陰。大國陽，小國陰。重國陽，輕國陰。有事陽，而無事陰。信（伸）者陽，而屈者陰。主陽，臣陰。上陽，下陰。男陽，〔女陰〕。〔父〕陽，〔子〕陰。兄陽，弟陰。長陽，少〔陰〕。貴〔陽〕，賤陰。達陽，窮陰。取（娶）婦姓（生）子陽，有喪陰。制人者陽，制於人者陰。客陽，主人陰。師陽，役陰。言陽，黑（默）陰。予陽，受陰。諸陽者法天，天貴正，過正曰詭，□□□□，祭乃及。諸陰者法地，地〔之〕德，安徐正靜，柔節先定，善予不爭，此地之度而雌之節也〔註13〕。

〔註9〕李漢三：《先秦兩漢之陰陽五行學說》，維新書局，頁104。

〔註10〕《國語‧周語上》，商務藝文印書館出版，頁23。

〔註11〕梁啟超：《陰陽五行說之來歷》，古史辨第五冊，頁347。

〔註12〕陳鼓應：《道家文化研究》，北京三聯書店十二輯，頁7。

〔註13〕陳鼓應：《易傳與道家思想》，台灣商務印書館，頁322。

由此可以證明在戰國「陰陽」概念擴大化了，從原先只有自然界的涵義擴大到社會、政治、人事。與先前只有自然現象之意，已大大不同。再由近年出土的《上博七‧捔物流形》第二簡曰：

　　　　会易（陰陽）之尿，奚尋（奚得）而固？水火之和，奚得而不星？
　　〔註14〕

對於此簡的釋文及解釋，郭靜雲先生的看法是：從「陰陽之尿」和「水火之和」互文來看，義即陰陽沖氣，陰陽沖，水火和，陰陽、水火沖和。描述「陰陽之沖」、「水火之和」兩種過程不同，陰陽凝結在萬物之體，而水火則有互相節制作用，此保障宇宙中相反的力量平衡，莫不超，莫不勝〔註15〕。

　　無論尿作何解釋，陰陽與水火，陰陽觀念與五行觀念在戰國時期，已有交流的痕跡，也再次得到證明。

　　以目前所見資料觀之，真正重大轉變之際當在戰國中葉《黃帝四經》，是書具體且大量闡述「陰陽結合刑德」之理念。之前，《道德經》尚未提出刑德與陰陽之間的關聯性。金春峰：

　　「帛書思想的核心是陰陽刑德思想」〔註16〕「以刑德論陰陽，把刑德提高為主宰萬物兩種根本力量與屬性，是以帛書為最令人醒目」〔註17〕。其實在《管子‧四時》亦有「日掌陽，月掌陰，陽為德，陰為刑」之說〔註18〕，白奚亦言「把陰陽五行範疇引入社會領域，提出四時教令的思想，是《四經》對陰陽思想的重要發展。把陰陽之理應用於政治領域，首創了陰陽刑德的理論，是《四經》四時教令思想的主要內容。從《四經》經《管子》再到《呂氏春秋》，四時教令的思想愈來愈具體，愈明細的趨勢。」〔註19〕刑德已成了陰陽的化身，如影隨形。

　　到了漢初，《淮南子‧天文訓》吸收《管子》、《呂氏春秋》的氣論及陰陽學說，而且是至今保留古代刑德理論最詳細的最早文獻之一。〔註20〕刑德既

〔註14〕馬承源主編：《上海博物館藏戰國楚竹書‧七》，上海：上海古籍出版社，2009年。
〔註15〕郭靜雲：〈《捔物流形》的「尿示」字以及陰陽、水火的關係〉，簡帛研究網2010－4－26。
〔註16〕金春峰：《漢代思想史》，中國社會科學出版社，頁36。
〔註17〕金春峰：《漢代思想史》，中國社會科學出版社，頁36。
〔註18〕劉柯李克和：《管子譯注》，黑龍江人民出版社出版，頁282。
〔註19〕白奚：《稷下學研究》，北京三聯書店，頁108～109。
〔註20〕陳松長：《馬王堆帛書刑德研究論稿》，萬卷樓出版，頁26。

成了陰陽的化身，則有賞罰作用，再以災異祥瑞形式為媒介傳達。由此：陰陽從早先的太陽明暗之意的自然現象，結合刑德的理念，再以災異形式為媒介傳達，清楚看出陰陽二字涵意轉折的三部曲。

　　陰陽五行由兩種理念合流為一，經鄒衍以詮釋歷史為主軸，而董仲舒轉以人文秩序應依照天道秩序而行。「天人感應」之說是兩漢經學重要指標，而「陰陽五行」與「天人感應」相通，更是兩漢學術的最大特色。

　　兩漢無論政治、學術、教育皆以經義為依歸，由漢書〈天文志〉、〈五行志〉之記載，甚而整部〈漢書〉、〈後漢書〉，皆有「五德終始說」、「陰陽災異說」或「四時禁忌說」之呈現，足證陰陽五行學說對兩漢學術影響之深遠。

　　陰陽、五行學說由各自發展到戰國時期已相互結合為一體系，從《黃帝四經》、《管子》至《呂氏春秋》，都可清楚的看到陰陽五行學說發展流布的蹤跡。可知在戰國時期陰陽五行學說儼然已成為潮流，其影響是多元化、多層面的。到了漢朝，無論是在天文學、醫學、音律、數術等多方面把陰陽五行學說來作成相應的比附說明，在《黃帝內經》、《淮南子》、《春秋繁露》、《白虎通義》中，腳步清晰可見。因此，漢儒以陰陽五行學說說解經文，其來有自。陰陽由自然現象——太陽明暗之意，結合刑、德的理念，再以災異形式為傳達，可以說是陰陽二字涵意轉折的三部曲。自 1973 年馬王堆漢墓出土竹帛〈五行〉——即思孟〈五行〉，傳統的五行結合了思孟〈五行〉，由此脈落就清楚得知董仲舒在〈春秋繁露〉以及班固在〈白虎通義〉將二者相融合之因由。

　　另一方面，當司馬遷提出「究天人之際」之言，真是一語道盡了秦漢時人的主要思想。陰陽本義來自於自然，五行原指組成萬物的自然物質，當陰陽、五行各自從自然之意義走向人文意涵上，而陰陽、五行兩者一結合再行發展，就把殷周以來人君受命的觀念五行化了，把人間一向對自然界的災異觀念，以及伴同災異而起的禁忌習尚，陰陽化了。〔註 21〕天道與人事有了相應的通路，「天人合一」之說，更是呼之欲出。到了班固在〈五行志〉依循董仲舒、劉向等人的說法，列舉自春秋迄今的有關災異，以證明五行法則之不可輕蔑。〔註 22〕無怪乎漢儒發為「天人感應說」、「陰陽災異說」、「四時禁忌說」，並以此解釋經義，依此說來行事了。

〔註21〕李漢三：《先秦兩漢之陰陽五行學說》，維新書局，頁104。
〔註22〕陳亞如：《漢書‧五行志》的五行思想，中國歷史文獻研究集刊總 14 輯，頁116。

　　兩漢四百多年中，無論政治、教育，都深深受到陰陽五行學說的影響，其中以陰陽五行學說說解經文，成爲漢儒解經的特殊形式，不分今文學家或古文學家皆夾雜著陰陽五行學說。雖然其迷信荒誕的思維頗爲後人所詬病，但這就是兩漢學說的特色。

　　值得思考的是：政治上，漢儒以「通經致用」解決許多問題，社會上制禮作樂亦以經義爲依歸；何以在儒家思想的領軍下，仍然在多方面的與陰陽五行學說作了結合？《漢書》中的〈五行志〉、〈天文志〉、〈律曆志〉，陰陽五行學說無所不在。可說無論是在「究天人之際」方面，或是在「通古今之變」上，皆是陰陽五行學說的舞臺。

第四節　相生相勝說

　　自 1973 年馬王堆漢墓出土竹帛〈五行〉，即思孟──仁、義、禮、智、聖〈五行〉，據此史料可以證實戰國中葉已有此說。〔註23〕五行相勝之說，在春秋時代已出現，〔註24〕到了鄒衍，則兼具相生相勝二說：一是以五行相勝的五德終始說、一是以五行相生的四時教令思想，〔註25〕四時教令思想一直影響至今，到了《呂氏春秋‧十二紀》裏，談時令仍是採相生之說，此乃延續鄒衍之說，《淮南子‧時則訓》說法與〈十二紀〉同；但在《呂氏春秋‧應同篇》裏，談德運卻是採相勝之說，〔註26〕這顯然是受到鄒衍五德終始說之影響。《春秋繁露》則並採相生、相勝二說。

　　《呂氏春秋‧應同篇》裏，已將四季的代換，推廣到歷史興衰更迭的思維上，五行之氣的相勝決定了歷史的發展，帝王將興天必見祥。〔註27〕而武帝亦以避文帝劉恒諱而改稱五常──仁、義、禮、智、信。〔註28〕在這樣的潮流下，作一個集大成者，董仲舒進一步將金、木、水、火、土搭配仁、義、禮、智、信。〔註29〕傳統的五行結合了思孟〈五行〉，思孟〈五行〉再轉爲五

〔註23〕龐樸：《竹帛五行篇校注及研究》，萬卷樓出版，頁102。
〔註24〕席澤宗：《中國科學技術史》，科學出版社，頁104。
〔註25〕孫廣德：《先秦兩漢陰陽五行說的政治思想》，臺灣商務印書館，頁124。
〔註26〕朱永嘉蕭木注譯：《新譯呂氏春秋》，三民書局，頁616。
〔註27〕朱永嘉蕭木注譯：《新譯呂氏春秋》，三民書局，頁616。
〔註28〕龐樸：《竹帛五行篇校注及研究》，萬卷樓出版社，頁99。
〔註29〕賴炎元：《春秋繁露今註今譯》，〈五行相生第五十八〉，臺灣商務印書館，頁334。

常——仁、義、禮、智、信，由此可知把五行配五德確是漢代才有之事；且由此脈落也清楚得知董仲舒在〈春秋繁露〉以及班固在〈白虎通義〉將二者相融合之緣由。

第五節　「陰陽、五行」合流

《尚書‧洪範》提到水、火、木、金、土五行。經由《管子》的〈四時〉、〈五行〉篇分別構建了以「四時」、「五行」為框架的宇宙系統。《呂氏春秋》再把宇宙天地人事按陰陽五行法則組成一個大系統。〔註30〕由《尚書‧洪範》到《管子》到《呂氏春秋》，陰陽五行學說將天、地、人作為一個整體。從春秋戰國時期，諸子百家儘管政治主張、學術思想、哲學觀點不一，但都從不同角度，不同層面闡發了天人合一思想，天人合一思想可以說是諸子百家的共同理想。〔註31〕

陰陽本意指天，五行可以代表萬物，因此從《尚書‧洪範》、到董仲舒《春秋繁露》、到班固的《漢書‧五行志》，反映了陰陽家思想與儒家思想的合流徹底完成。〔註32〕當「天人合一」、「天人相應」是透過陰陽和五行來表現，故由《漢書》〈天文志〉、〈五行志〉之文獻，甚而整部《漢書》、《後漢書》中，皆有「五德終始說」、「陰陽災異說」或「四時禁忌說」之記載，足證陰陽五行學說對兩漢學術影響之深遠，亦顯現「陰陽五行學說」和「天人合一」是秦漢學術之重心。當然，其中有實證可以相應，如四時宜忌之相應，但有太多穿鑿附會之處，才遭人非議。

陰陽五行由兩種理念合流為一，經鄒衍以詮釋歷史為主軸，而董仲舒轉以人文秩序應依照天道秩序而行。〔註33〕「天人感應」之說不但是兩漢經學重要指標，也是其理論基礎。這種觀念源自於春秋戰國時代，但對之作詳細深入闡發的是道家學者。李澤厚先生觀察到《呂氏春秋》早已具備「天人合一」的雛型，而《淮南子》是第二個里程碑〔註34〕。李約瑟先生更提出《管

〔註30〕朱永嘉蕭木注譯：《新譯呂氏春秋》，三民書局，頁616。
〔註31〕龐天佑：《秦漢歷史哲學思想研究》，中國社會科學出版社，頁39。
〔註32〕陳亞如：《漢書‧五行志》的五行思想，中國歷史文獻研究集刊總14輯，頁125。
〔註33〕鄺芷人：《陰陽五行及其體系》，文津出版，頁57。
〔註34〕李澤厚：《中國古代思想史論》，三民書局，頁147。

子》運用五行之理解釋人類活動的四時宜忌，以試圖建立相應之體系，這種追求對後人思想的影響很深，《呂氏春秋‧十二紀》便是在它的影響下寫成的。〔註 35〕《淮南子》中有關於「物類相動，本標相應」、「天之與人，有以相通也」的大量闡述；金春峰先生亦言及「《淮南子》在陰陽五行的基礎上，構建了以「天人感應」為核心的思想體系，對道家的「無為」進行了改造，反應出《易傳》「天行健，君子以自強不息」，的奮發精神，從而為董仲舒的思想體系奠定了基礎」。〔註 36〕董仲舒關於「同類相動」、「人副天數」、「天人交感」的基本觀點，與《淮南子》的闡述幾乎完全一致，似乎就是對之的引用和申述。〔註 37〕

　　顯然「天人感應」觀念在漢代社會是非常普遍非常流行的想法，武帝在策問中，也專門「垂問乎天人之應」，可見一般。此外，中醫學之經典——《黃帝四經》之主要理論「五運六氣」，其基本架構就是陰陽五行說；漢人以五音十二律配陰陽五行，在在證明「天人合一」思想，在當時社會是多麼普遍多麼流行了！

第六節　「陰陽五行」與「天人感應」相通

　　自秦皇以後，天下求統一，進而求思想上融合及統一，從《荀子》到《呂氏春秋》，已顯示出這種現象。高誘在〈呂氏春秋序〉提到「此書所尚，以道德為標的，以無為為綱紀，以仁義為品式，以公方為檢格」〔註 38〕已看出是各家並存。到了《淮南子》、《春秋繁露》相融統一的的情況就更加明顯。

　　《淮南子》「上考之天，下揆之地，中通諸理」，「故著書二十篇，則天地之理究矣，人間之事接矣，帝王之道備矣。」〔註 39〕更是架構出天、地、人相應的宇宙圖式。陰陽五行說雖非本書之主體思想，但是《淮南子‧時則訓》將《呂氏春秋》以陰陽五行為架構的宇宙圖式，有了進一步發展：〈覽冥訓〉、〈本經訓〉、〈泰族訓〉皆言陰陽氣、同類相動；〈天文訓〉、〈精神訓〉講天人相類、天人相通。到了《春秋繁露》則相對的提出〈同類相動〉、〈同類相助〉、

〔註 35〕李約瑟：《中國古代科學思想史》，江西人民出版社，頁 26。
〔註 36〕金春峰：《漢代思想史》，中國社會科學出版社，頁 215。
〔註 37〕蔡靖泉：《楚文化流變史》，湖北人民出版社，頁 200。
〔註 38〕朱永嘉、蕭木注譯：《新譯呂氏春秋》，三民書局，頁 1623。
〔註 39〕陳麗桂校注：《新編淮南子》，國立編譯館，頁 1507。

〈人副天數〉的同性質篇章，而且更進一步將陰陽五行與四時、五方、五色、五音等相配起來，構成一套組織嚴密，系統化的結構，宇宙萬物的生長消息、政治運作、倫理道德全都納入此套機制，董仲舒構思之嚴密，令人驚嘆！

因此，漢初所盛行的黃老道家，與老莊道家之說，已多有不同，黃老刑名之術，與老莊重道之說，確實已是質變的道家。而儒家向以仁、義、禮說為其主要內容，以人有自覺為善之能力，故重人事；董仲舒因為奉天，一變以天為尊，原以人為本的儒家，轉以天為尊，這在儒家而言也是很大的變化。無論是代表新儒家的董仲舒，或是代表新道家的淮南子，無論是以道德為旨趣的董氏或是以自然無為為立足的淮南子，皆以陰陽五行為論述的基礎。陰陽五行之說竟成了漢代學術的潤滑劑，達成漢人期望的「天人感應」的宇宙圖式。

由此可知，從《管子・四時》、《呂氏春秋・應同》，已有陰陽氣化感應之說，直至《淮南子》、《春秋繁露》，明顯呈現「陰陽五行配應系統」的情形，在兩漢，陰陽五行的應用，可說到了十分氾濫的地步。李宗桂先生明白的指出：「究天人，通古今，務為治是《春秋繁露》、《淮南子》的首要共通點」、「承認天人相通，宣揚天人感應，是兩書的又一共通點」、而兩書最大最明顯的共通之處在：天人感應的思想以及相映的論證手法，特別是語言方面的驚人相似。〔註40〕將《淮南子・天文訓》與《春秋繁露・治亂五行》文字逐一對照，無論天人感應的思想或是用語方面，幾乎可以說是如出一轍。再看《春秋繁露・五行順逆》與《淮南子・天文訓》詞句相類；又《春秋繁露・治水五行》《春秋繁露・治亂五行》與《淮南子・天文訓》後兩節文字幾乎完全相同。真是處處呈現陰陽五行之思想在漢初既是成熟又非常普遍的事，只不過董仲舒更加擴大運用範圍，而且緊緊密合了天與人的關聯性。

到了東漢，代表儒生思想學說的鉅作《白虎通義》，或援緯證經，或援經證緯，經緯始終雜揉合一，甚至以讖緯思想論斷經義或直接以緯書提問。其中論述五行者仍多，只是把自然現象類比成價值現象，諸如君臣、父子、夫婦間的三綱五常關係，導向禮制為依歸，仍有規範之義。李威熊在《中國經學發展史論》說明東漢經學：「兩漢讖緯也可說是陰陽五行學說的另一種表現

〔註40〕李宗桂：〈《淮南子》與《春秋繁露》的同異浮沉〉，《鵝湖月刊》10 期，頁39～41。

方式」〔註41〕。大體上，《白虎通義》中陰陽五行論述之基礎多半與《呂氏春秋》、《春秋繁露》之思想相同，明顯不同之處在《白虎通義》把五行生勝之理落實在人倫日用之中，如：《白虎通義》把五行陰陽與東南西北、春夏秋冬混在一起，又說：「子順父，妻順夫，臣順君，何法？法地順天也。男不離父母何法？法火不離木也。女離父母何法？法水流去金也」〔註42〕，其論調完全取之《春秋繁露》。處處可證，即使讖緯思想盛行，陰陽五行說在東漢仍具影響力。

兩漢的學者專家也脫離不了陰陽五行思想：陸賈在〈道基篇〉、〈明誡篇〉、〈懷慮篇〉中，其言雖與陰陽家異趣，但用語皆揉雜陰陽家之言；賈誼建議文帝「改正朔，易服色，法制度，定官名，興禮樂」〔註43〕，不也就是陰陽五行的思想。即使極力抨擊當世學風，以感應之說違背自然之義和虛妄之言的王充，其《論衡》中的篇名，如〈亂龍〉、〈講瑞〉、〈是應〉、〈宣漢〉等也都有陰陽五行的色彩，足見陰陽五行說對兩漢學術影響之深之大。

第七節　陰陽五行學說對漢代學術的影響

綜上所述，可以清楚的看出陰陽五行學說在漢代有它極特殊之地位，「陰陽五行學說的基本精神，不外是法天與尚德，是其全部政治思想的主旨。」〔註44〕事實上可以說幾乎是兩漢學術思想的全貌。除此之外，「天人合一」、「天人交相應」的架構，是以陰陽五行學說為依據所建立而成。因此，陰陽五行學說對兩漢學術之影響敘述如下：

一、法天——四時教令說

當《管子》以五行之說解釋人類活動的四時宜忌，鄒衍繼承其說，《呂氏春秋·十二紀》、《禮記·月令》、《淮南子·時則訓》、《春秋繁露》皆採其說，無一例外。在《漢書·五行志》、《後漢書·五行志》中，雖然記載各種災異現象加以分類解釋，但也充分的表現了兩漢嚴守四時教令的思想了，不僅經書如此敘述，史書中亦不時流露此一觀點，此為影響一。

〔註41〕李威熊：《中國經學發展史論》，文史哲出版，頁146。
〔註42〕陳立：《白虎通疏證》，中華書局，頁194～195。
〔註43〕司馬遷：《史記·屈原賈生列傳》，鼎文書局，頁2493。
〔註44〕孫廣德：《先秦兩漢陰陽五行說的政治思想》，臺灣商務印書館，頁73。

　　《漢書‧五行志》首開中國古代文獻專紀災害志之先河，《後漢書‧五行志》衍其緒，之後《晉書》、《宋書》、《齊書》、《隋書》、《舊唐書》、《新唐書》、《舊五代史》、《宋史》、《金史》、《元史》、《明史》等皆有記載各類災害的《五行志》。

　　其中，《漢書‧五行志》所佔的篇幅最巨。其大半內容是利用陰陽五行災異說來達到政治目的的手段。據兩漢《五行志》、《天文志》所載，漢代每次發生重大歷史事件，幾乎都與災異現象有關，君王更是在災異後下詔罪己，在史書上，《五行志》真是特殊的體例。也可看出班固對君王想提出的告誡：為人君者，惟有慎察五行，才能發現咎徵之所在，面對咎徵的出現，只有抱持敬畏的態度，方能修德補過，以避免禍患進一步的到來。

　　如春夏忌殺戮，兵攻刑政需要退避。但在秋冬則可實行種種兵刑措施，刑殺及對於軍士人才之選拔，訓練多在秋冬裏進行。陰陽五行學說在君王施政中往往順著時序配合氣候的變化，藉以收到避免災害，減少盜賊作亂，使人民能夠安居樂業。

二、尚德——五德終始說：受命改制

　　自鄒衍提出：以為天帝有五，循環用事，以之配合四方與五色，四時與五行，一切人事、物理、天象，都用金、木、水、火、土五行相生相剋之理來解釋，天上有五帝，人間也不會有不廢的王朝，「天下沒有萬世不替的王朝」〔註45〕此說深深影響兩漢，因此無論是鄒衍的「五德終始說」、或是董仲舒的「三統三正說」、或是劉向劉歆父子的「相生的五德終始說」，其實都是深受五行之說的影響。而且根據何照清先生的研究：兩漢之時君臣師儒，詔策奏議，多據經以言，復考《史記》、兩《漢書》，知漢人引用諸經，以《春秋》為多，而經義之運用，影響及諸多方面，尤以政治之影響最鉅，據史、漢所載：漢人運用《春秋公羊》之實例，其影響最大者——受命改制，〔註46〕這就是陰陽五行學說的產物，此為影響二。

　　皮錫瑞云：「《公羊春秋》多言災異」〔註47〕，這是就三傳比較來說，《公羊傳》本身言災異，尚未附會政治得失；即或有此意，亦未有過分著墨。因

〔註45〕錢穆：《經學大要》，蘭臺出版社，頁143。
〔註46〕李約瑟：《中國古代科學思想史》，江西人民出版社，頁143。
〔註47〕皮錫瑞：《經學歷史》，河洛圖書出版社，頁106。

此啓發了董仲舒,到了《春秋繁露》,董仲舒大量陳述因災異譴告當政者失德失政之語,把公羊學以災異譴告式來議論具體政事,這就是董仲舒最特別之處。儘管漢武帝不以爲然,害的董仲舒險些喪命,但到了宣帝爲了證明自己「受命於天」,大力宣揚災異祥瑞,因而興起了陰陽災異之風,大大給了陰陽五行發展空間。此後許多大臣上書條奏,無不以陰陽災異爲依託及根據。所謂:「每有災異,當輒傅經術,言得失。」〔註48〕災異譴告一時蔚爲風潮。西漢後期,不僅儒臣以災異言政事成爲風氣,專權的宦臣、外戚也引災異來攻擊別人,皇帝也常因災異下詔讓臣下議政,或因災異更換大臣。僅成帝一朝,即因日蝕、地震、火災等災異下詔達十三次。

此外,京房以「卦氣說」、「五行說」、「陰陽二氣說」即「以風雨寒溫爲候,各有占驗」,〔註49〕作爲災異譴告來推斷人事的依據。「考五行於命運、人事、天道、日月星辰,局於指掌」,人事吉凶和自然界的氣候變化都本於陰陽五行的道理,此理可以通神明,象萬物,知人倫之責,明治國之道。也就是用於社會人事,則可推斷陰陽災異,預知吉凶禍福,並可指導現實的政治,作爲決策的依據。京房本人主張任人唯賢,整肅吏治,雖然仍被石顯所害,卦氣之說未能顯靈,但京房仍不失爲一英雄人物。

《漢書・五行志》保留了劉向、劉歆的《洪範五行傳論》、《洪範五行傳》,劉向利用陰陽五行來抨擊外戚王室勢力,乃集合上古以來並歷及春秋六國至秦漢福瑞災異之理,推迹行事,連傳禍福,著其占驗,比類相從。一切災異都和人君的言行聯繫起來,以天人感應進行闡釋。而劉歆利用陰陽災異,是爲了幫助王莽篡漢自立。換句話說,從不同的意圖各自可有不同的比附,這也是陰陽五行說最令人詬病的地方。也讓後人鑑古知今。

三、天人相應:災異祥瑞

各家承襲四時教令說之外,李約瑟先生更進一步提出:在《漢書・五行志》、《後漢書・五行志》中,記載了歷史上發生的各種災異現象,並且分門別類以五行一一解說。〔註50〕皮錫瑞就明白指出兩漢經學:《書》有伏傳五行、《詩》有齊詩五際、《公羊》《春秋》多言災異、《易》有象術占驗、《禮》有

〔註48〕《漢書・平當傳》,鼎文書局出版,頁3048。
〔註49〕《漢書・平當傳》,鼎文書局出版,頁3161。
〔註50〕李約瑟:《中國古代科學思想史》,江西人民出版社,頁28。

明堂陰陽，〔註 51〕足證陰陽五行學說處處影響兩漢經學。且據李漢三先生研究四家詩無一不受陰陽五行學說影響〔註 52〕，詩、書、易、禮、春秋一樣，無不揉雜陰陽五行學說。〔註 53〕何獨於此，術數、醫學無一例外。陰陽五行學說既是全面影響兩漢學術，皮錫瑞言：皇帝詔書，群臣奏議，莫不援引經義，以為據依。〔註 54〕有了以上認知，兩漢學術上無論經、史、子、集遍佈陰陽五行學說也就不足為奇了！

　　當陰陽五行學說全面影響兩漢學術之際，天人關係自然更加緊密，四時既可教令、五德又可左右人事，再經由董仲舒進一步把這種相生、相應、相副的理論，建立了「天人感應」之學。〔註 55〕李漢三先生言：漢儒以天人之學來匡正人主，人主崇經學，重儒臣，遇日蝕地震，下詔罪己，或責免三公。〔註 56〕皮錫瑞亦云：當時儒者，以為人主至尊，無所畏憚，借天象以示儆，庶使其君有失德者，猶知恐懼修省。〔註 57〕雖然漢儒把天人的關連性過當的發展成必然性，實屬不智，若知其真正之用心，也就不忍苛求漢儒了。此為影響三。

　　徐復觀言：由「天象」而轉到「天道」，由此所得的結論，雖千差萬殊，都是價值判斷。天人感應的價值判斷，釋出於對大一統的專制政治的皇帝所提出的要請。〔註 58〕真是一語中的。兩漢之人，無論君王大臣、學者名流，都在尋求一套有條理、有秩序的處世原則。漢武帝有言：「蓋聞『善言天者，必有徵於人。善言古者，必有驗於今。』」〔註 59〕「帝曰：余聞之，善言天者，必應於人。善言古者，必驗於今。善言氣者，必彰於物。善言應者，同天地之化。善言化言變者，通神明之理。」〔註 60〕太史公曰：「究天人之際，通古今之變。」無論是經學家、主政者、史家所言，都從天人、古今的方向，來追尋一個相通互感的共同法則為依歸，這就是兩漢的時代精神，處世準則。

〔註 51〕皮錫瑞：《經學歷史》，河洛圖書出版社，頁 106。
〔註 52〕李漢三：《先秦兩漢之陰陽五行學說》，維新書局，頁 219。
〔註 53〕李漢三：《先秦兩漢之陰陽五行學說》，維新書局，頁 321。
〔註 54〕皮錫瑞：《經學歷史》，河洛圖書出版社，頁 103。
〔註 55〕吳怡：《中國哲學發展史》，三民書局，頁 303。
〔註 56〕李漢三：《先秦兩漢之陰陽五行學說》，維新書局，頁 219。
〔註 57〕皮錫瑞：《經學歷史》，河洛圖書出版社，頁 191。
〔註 58〕徐復觀：《兩漢思想史·王充論考》，學生書局出版，頁 624。
〔註 59〕《漢書·董仲舒傳》，鼎文書局出版，頁 2513。
〔註 60〕王冰編注：《皇帝內經·素問·氣交變大論》，大孚書局出版，頁 30。

　　雖然漢光武帝以圖讖取代陰陽災異說，因此災異譴告的影響在東漢是不及西漢的，但至少在宣帝之後的帝王，一遇天災就多次的下詔罪己的事實來看，災異譴告說對皇帝所造成的約束性，是非常有效的。這也是對董仲舒另一面的認知，也是對陰陽五行所造成影響的正面思考。

　　時至今日，天候異常，人心躁動，天候確實會影響人事，而人事會左右政策，天人不一定要感應，但有一定的相應處，否則一定失衡，一定會造成天災人禍，如此來回看兩漢的天人感應，災異譴告，陰陽五行學說，一定有更深刻的思考和深入的反省。李澤厚提出：「應該注意其中的重要的基本觀念——強調天與人、自然社會以及身體與精神必須作為和諧統一的有機生命的整體存在，仍然有一定價值和意義呢？如何協調人與環境、社會、自然之間既改造又適應的合理的動態平衡關係，在今日不也仍然是一大問題麼？」〔註61〕是的，牽強附會的荒謬處很多，但其中合理的推論處是更值得關注與深究的。

〔註61〕李澤厚：《中國古代思想史論》，三民書局，頁 176。

第五章　簡帛與「仁」學

第一節　緒　論

　　由於戰國楚簡「𢘑」字的出現，「仁」字又是儒家思想之中心，因而再度引起學者對「仁」字的探討。說文：

　　　　「仁，親也，從人二。𠔃古文仁從千心。古文仁或從尸」

許叔重以「親」釋「仁」；再查說文「親」的解釋是：「親，至也。」因此一般都以「仁愛」釋「仁」字之義。

第二節　虞、夏、商未見「仁」字

　　自清人阮元《論語・論仁論》提出：「仁字不見於虞、夏、商《書》及《詩》三頌、《易》卦爻辭之內，似周初有此言，而尚無此字」〔註1〕，之後董作賓先生〔註2〕、屈萬里先生〔註3〕、李孝定先生〔註4〕都證明甲骨文中沒有「仁」字，董先生、屈先生更進一步說明在金文中也沒有「仁」字。甲骨文大師董作賓先生就在〈古文字中之「仁」〉一文中有完整的分析。

〔註1〕阮元：《揅經室集.論語・論仁論》，新文豐，頁1993。
〔註2〕董作賓：《董作賓先生全集・古文字中之仁》，乙編第四冊藝文印書館，頁728
　　　　～729。
〔註3〕屈萬里：《書傭論學集・仁之涵義之史的觀察》，開明書店，頁257。
〔註4〕李孝定：《甲骨文字集釋》，中央研究院歷史語言研究卷所14，頁4529。

1. 甲古文中之「仁」字由於誤認

〈古文字中之仁〉：

商承祚作《殷虛書契類編》，於第八卷，列「仁」卷二第十九葉一條，
此商氏之誤也。商書作於民國十二年頃，當時對於甲骨文字，僅有
初步認識，每多斷章取義，據形附會。其書本據羅振玉氏《考釋》，
分類編纂，間有新考，亦附入之，「仁」字其一也。孫海波於民國二
十三年作《甲骨文編》，徐文鏡於二十四年作《古籀彙編》，均沿商
氏之說，列入「仁」字。

目前國內外見之於著錄的甲骨文片中，「仁」字僅此一例。一九三三年出
版的葉玉森《殷虛書契前編輯釋》卷二第三四葉著錄此條，葉書指出卜辭中
「仁」字偏旁「𠂊」形不完整，以此疑非仁字。查原圖，「𠂊」右上角可見部
分仍有一筆「𠂊」，但葉書未深究。

于省吾《釋人尸仁尼夷》比葉書說的決斷。他說：「商承祚《殷虛書契類
編》第八有『仁』字，係誤摹。」他並斷言：「初本無仁字，後世以人事日繁，
用各有當，因別制仁字。仁德之仁，至早起於西周之世。」

郭沫若、王國維、楊樹達等人考釋與著錄卜辭的著作，俱未提及此字。
一九五九年台灣出版的金祥恆《續甲骨文編》及一九七一年東京出版的島
邦男《殷虛卜辭綜類》增訂本，俱未收錄此字。是知彼等皆不認同此字為
「仁」。

今考此字所據之原版，見於《前編》二，十九葉之一：

此版為武丁時記王占驗之辭，文右行。由左而右，第三行上一字殘
上半，下半作人形，其右邊「二」字，乃是記卜兆次數之數字，正

在卜兆上，與下方之「一」同，非仁字右旁之「二」也。甲骨中，所謂「仁」字者，只此一見，蓋由於誤認，經商、孫、徐三家著錄，儼然幾成定案矣〔註5〕。

屈萬里先生完全贊同董先生之論，其言：

> 有文字的甲骨，現在已被發現的將近十萬片；見於著錄的，也近乎四萬片。但在已著錄的甲骨卜辭裏，卻沒有見到仁字。商承祚的《殷虛文字類編》裏，雖然收了一個仁字；但這個所謂仁字，是出於《殷虛書契前編》卷二第十九葉後面靠上邊的一片裏。細看原書，我們可以確然斷定：他所謂仁字，乃是把靠左上邊一個殘字的尾巴當作了「人旁」；而把右下面的一個記貞卜次數的「二」字，湊上了誤認的「人旁」而成的。這個仁字的誤認，董彥堂先生在他所著的「古文字中之仁」一文裏，已經詳細的證明了。〔註6〕

今以甲骨片觀之，正如二位專家大師所言，此「仁」字確實是誤認。屈先生接著說道：

> 甲骨文中沒有仁字，早期的金文中沒有仁字，《詩》《書》《易》三書中屬於西周時代的作品裏沒有仁字。如果單是甲骨文或《詩》《書》《易》中的任何一書不見仁字，我們誠然不應該以不見爲不有；現在在考古學的材料裏，在書本的材料裏，所表現的情形，完全一致。能會有這麼多的，而又完全一致的「偶然」嗎？因此，我雖然不敢斷然地說，西周和其以前，還沒有仁字；但仁字不見於現存的、眞

〔註 5〕董作賓：《董作賓先生全集‧古文字中之仁》，乙編第四冊藝文印書館，頁728。
〔註 6〕屈萬里：《書傭論學集‧仁之涵義之史的觀察》，開明書店，頁257。

正可信的西周時代的文獻中，則是鐵的事實〔註7〕。

許慎的《說文解字》。徐鉉的大徐本云：

> 仁，親也。從人，從二。�古文仁，從千心。𡰥古文仁，或從尸。

徐鉉對這個「仁」字的解說是：

> 臣鉉等曰：仁者，兼愛，故從二。如鄰切。

而徐鍇的小徐本則說：

> 仁，親也。從人，二聲。�古文從千心作。𡰥古文從尸二。

說文解字中，仍以二徐本最為可信，這也是直至今日採用最多之因。「仁」字解釋也不例外。

2. 金文中之「仁」字為期甚晚

董先生以為金文所見「仁」字，為期甚晚，董先生說明：

> 容庚氏在民國十三年作《金文編》一書，輯錄殷周金文，凡一千五百三十四器，正文、附錄、得字逾萬，獨不見「仁」字。三十三年作《金文續編》，輯錄秦漢銅器銘刻共八百三十五器，正文、附錄，得字七千餘，僅一「仁」字，乃為漢器。

仁漢宛仁機，《金文續編》第八、一葉〔註8〕

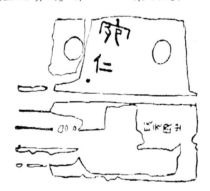

董先生並據丁佛言《說文古籀補補》中錄自古印璽者的五個「仁」字：

> 丁佛言作《說文古籀補補》，錄自古印璽者，有「仁」字凡五，茲並錄如下：

> �古鈢：「仁人」。《說文》「仁」，古文作�。

〔註7〕屈萬里：《書傭論學集・仁之涵義之史的觀察》，開明書店，頁257。

〔註8〕董作賓：《董作賓先生全集・古文字中之仁》，乙編第四冊藝文印書館，頁729。

     古鈢：「必可交仁」。從人從二，與[字]極相類，許氏誤爲從尸。

     古鈢：「交仁」。

     古鈢：「忠仁思士」、此與他三字，皆秦初周末文字。

     仁字反文。古鉢「忠仁思士」〔註9〕。

據此，董作賓先生就更斷定此古印璽爲秦初周末文字〔註10〕，漢弩機文字更晚，已近隸書，均不足爲證。屈萬里先生亦同意此說，更進一步提出在可信的西周時代文獻中，不見「仁」字的出現，則是鐵的事實。

　　直至今日所有出土戰國簡帛中也未曾出現「仁」字，目前得見「仁」字最早出現的是在《睡虎地秦簡》中〈秦律‧行書〉：「隸臣妾老弱及不可誠仁者勿令」及《睡虎地秦簡》中〈老子‧乙〉：「隸臣妾老弱及不可誠仁者勿令」等多處，誠如董先生所言。

　　換言之，就目前所見文獻而言，「仁」字不曾出現在秦代之前，而且字體皆以「息」的字型出現，如何從「息」字字轉型到「仁」字字型，至今仍無法得知。「仁」既是孔學思想中心，但是「仁」說並非孔子首創，那麼「仁」說在先秦文獻的面貌又是如何呢？

第三節　西周未見「仁」字

　　最能反映西周言行的傳世文獻，莫過於《尚書》、《詩經》、《國語》；其中《尚書》一書中「仁」字僅出現一次，《尚書‧金縢》：

　　「若爾三王，是有丕子之責於天，以旦代某之身。予仁若考，能多材多藝，能事鬼神」，顯然是贊美其德之詞，屈萬里先生以《尚書‧金縢》「文辭平易，不類西周時之作品」〔註11〕；近日公布之《清華簡‧金縢》此處記載的是「惟爾元孫發也，不若旦也，是佞若巧，能多材多藝，能事鬼神」，令人訝異的是同段文字中竟然完全沒有出現「仁」字，至此眞是不得不佩服董先生、屈先生的先見之明，另一方面，也懷疑今日所見定本，不是西周時期的作品。另在《詩經》一書中，「仁」字出現兩次，《詩經‧鄭風‧叔於田》「洵美且仁」、《詩經‧齊風‧盧令》「其人美且仁」，兩者「仁」字

〔註9〕　董作賓：《董作賓先生全集‧古文字中之仁》，乙編第四冊藝文印書館，頁729。
〔註10〕　董作賓：《董作賓先生全集‧古文字中之仁》，乙編第四冊藝文印書館，頁729。
〔註11〕　屈萬里：《書傭論學集‧仁之涵義之史的觀察》，開明書店，頁256。

句法相似，而且僅有這兩次記載，屈先生的觀察是：

> 《周易·卦爻辭》（西周初年作品）裏，連一個仁字都沒見到。二十
> 八篇《尚書》中只有一個仁字（金縢「予仁若考」）而這一仁字，偏
> 又不見於早期的〈周誥〉，而見於晚出之書的〈金縢〉。（金縢文辭淺
> 易，不類西周時的作品。傅孟眞先生以爲是魯人所記關於周公之事
> 的傳説。其説見《傅孟眞先生集》中的〈文學史講義〉），《詩》三百
> 篇中有兩個仁字：其一是〈鄭風·叔予田篇〉的「洵美且仁」；又一
> 是〈齊風·盧令篇〉的「其人美且仁」。《鄭》詩都是鄭國遷到溱洧
> 之間以後的作品，其爲東周以來的產物，自不待言。〈齊風·盧令篇〉
> 的作成時代，雖然不易斷定；但試把它的文辭和〈周頌〉〈大雅〉〈小
> 雅〉比較來看，也就可以看出它的產生時代，不會早到西周。尤其
> 奇怪的〈叔於田〉和〈盧令〉，都是詠田獵的詩；而「洵美且仁」和
> 「其人美且仁」的句法，又那麼雷同。我們簡直可以説這兩處的仁
> 字，是一而二、二而一了〔註12〕。

以目前的文獻看來，西周時期不見「仁」字的出現，《國語》一書出現「仁」
字 64 次，《論語》出現「仁」字 66 次，即便是鄭玄贊稱春秋三傳中「善於禮」
（六藝論）的《左傳》，或以史事以明之、或假他人之口傳達，如君子言之類，
綜覽《左傳》全書，言禮者凡 462 次，一言以蔽之，「禮」可説是《左傳》全
書之核心，但在 462 次以禮論事中，談及「仁」字僅有 42 次，算是鳳毛麟角
了！足見當時「仁」説尙未特別受到重視，而這段時期正是孔子生長的歲月，
在禮壞樂崩的時代，提倡儒家思想，突顯「仁」説爲其核心，也是在這段時
間孕育、成長，而能推波助瀾，使儒學「仁」説生根茁壯、發揚光大的莫過
於儒家弟子的再接再厲了。

第四節　春秋戰國時代所見之「仁」字

時至春秋時期，雖有「仁」字，但是眞正加以提倡「仁」，推崇「仁」，
要到孔子以後了。屈萬里先生説道：

> 東周以來，雖已經有了仁字，而且雖也把仁當作一種美德；但強調
> 仁字，使它成爲做人的最高準則，使它成爲一個學説，則實從孔子

〔註12〕屈萬里：《書傭論學集·仁之涵義之史的觀察》，開明書店，頁 256。

開始。孔子以前，仁，不但不成爲學說；連仁字的意義，有的也很含混而不易確定。

首先，我們試看詩經裏兩處「美且仁」的仁字。前面說過，〈叔於田〉和〈盧令〉都是咏田獵的詩，又都用「美且仁」的句子來形容田獵的人。美，是形容面貌漂亮，當無疑義。而仁字如果當作愛字解，則頗使人懷疑。因爲：（一）形容田獵的人，最自然的頌辭，是勇武、矯健一類的字樣，似乎不應該捨此義而談他德（那時恐怕還沒有「仁及禽獸」之說）。（二）如果說因爲所咏的獵者，特別具有仁愛的美德，所以詩人才強調這一點。這理由也很難使人相信。因爲兩個同見於《詩經》中的異國獵者，能夠具有這種同樣的、不同凡的美德，已經夠稀罕的了；而又致使異國的詩人，發生同樣的靈感，以同樣的不自然的句子去讚揚他們：恐怕不會有這麼巧的偶合。因此，《毛傳》把它們（仁）解作仁愛（見〈盧令〉篇。〈叔於田〉篇中的仁字，《毛傳》雖沒加解釋，但毛意同於〈盧令〉篇可知。）是否確當，實成問題。

其次，要說到《金縢》裏的仁字了。照《經義述聞》的說法，若字和字通義，考字和孝字通假；「予仁若考」就是「予仁而孝」仁和孝對稱，仁字應該是慈愛的意思。然而，如此解釋，在口氣上，也未免使人不安。因爲「予仁若孝」這句話，是周公對他的先祖父說的；說這話的用意，是周公表示他能夠善於服侍亡故的祖先。因此，只說孝就夠了，實沒有兼說慈愛的必要。所以，這個仁字，是否是慈愛的意思，也還有推敲的餘地〔註13〕。

屈先生所舉《詩經》兩個用字幾近相同的「仁」字，加上《尚書》的一次「仁」字，三處都用「仁愛」解釋，語意確實很奇怪。

（一）孔子時代所見之「仁」字

依錢穆先生研究：孔子生於魯襄公22年，魯昭公20年孔子年30始授徒設教，卒於魯哀公16年〔註14〕；如上所言先秦傳世文獻中出現仁字的次數並

〔註13〕屈萬里：《書傭論學集》，開明書店，頁258。
〔註14〕錢穆：《孔子傳》，蘭臺出版社2000年，頁116～118。

不多見，《尚書》1 次、《詩經》2 次、《左傳》42 次，論及「仁」的內容也是泛泛之說；換言之：儒家的開創者孔子，「仁」說並非其首創，但「仁」能成爲儒學之中心思想，除了孔子大力提倡之外，弟子不虞餘力的闡揚，才有日後的成果。由近年出土的簡帛之中，「仁」字出現不少，足證戰國時代對儒家「仁」學的發展是一大關鍵期。

章學誠根據《論語》記載曾子之歿，而戰國名將吳起曾經師事過曾子，於是斷定《論語》一書成於戰國。屈萬里先生則根據《禮記‧檀弓》記載子夏居西河教授時，曾子尚在。推算曾子當時年齡六十一歲，已是孔子歿後三十餘年。再從孟敬子探問曾子之疾一事，以及《論語》已稱敬子之謚印證，亦斷《論語》的成書當在戰國初年，而認爲章學誠之說信而有徵。

1973 年出土的《定州論語》是目前所見最早的《論語》抄本，且《定州論語》出土於西漢王室成員墓中，應是官方抄本，藉此可了解西漢後期《論語》之面貌，因爲殘存嚴重，在不到今本一半的文字中，差異處達 700 多處；版本雖有不同，但基本內容沒有大的竄改，歧異處多數是假借字、簡省字，錯字、漏字〔註 15〕。據章、屈二位所論，若《論語》的成書在戰國初年，與《定州論語》內容相近，換言之，戰國初年到西漢後期，《論語》傳抄多而無一本相同，但基本內容沒有大的竄改。而目前所見戰國簡帛皆將「仁」的字形寫成「息」，寫「仁」的字形必須要到秦簡才得見。那麼「仁」的字義呢？

「仁」：《說文解字》「仁，親也，從人、從二」。

孔子談論「仁」，《論語》一書中出現了一百多次，其內容有兩個明確的說法，一是「愛人」《論語‧顏淵》，一是「克己復禮，爲仁」，前者如：

> 夫仁者，己欲立而立人，己欲達而達人。〈學而〉
>
> 樊遲問仁。子曰：愛人。《顏淵》

後者如：

> 仲弓問仁，己所不欲，勿施於人。在邦無怨，在家無怨。〈顏淵〉樊遲問仁，居處恭，執事敬，與人忠。雖之夷狄，不可棄也。〈子路〉
>
> 子張問仁於孔子，能行五者於天下，爲仁矣。請問之。曰：恭、寬、信、敏、惠。〈陽貨〉

〔註15〕 河北省物研究所定州漢墓竹簡整理小組：《定州漢墓竹簡‧論語》，北京文物出版社，頁 1～2。

「仁」涵蓋面很廣，一是要克制自己的私欲，恢復到合乎禮的節度上；一是要能愛別人，無怪乎屈先生要讚美孔子說的「仁」的內容是無所不包了。其言曰：

> 仁字到了孔子，它的涵義擴大了。它幾乎包括了人類全部的美德，它成了做人的最高準則，它發展成了一種學說。

阮元又是如何看待孔子的「仁」呢？其言道：

> 孔子為百世師，孔子之言，著於《論語》為多，論語言五常之事詳矣，惟論仁者凡五十有八章，仁字之見於《論語》者，凡百有五為尤詳，若於聖門最詳切之事論之，尚不得其傳而失其旨，又何暇別取論語所無之字標而論之邪，今綜論《論語》論仁諸章，而分證其說於後，謹先為之發其凡曰，元竊謂詮解仁字，不必煩稱遠引。但舉曾子制言篇，人之相與也，譬如舟車然相濟達也，人非不濟，馬非馬不走，水非水不流，及《中庸》篇，仁者人也，鄭康成注，讀如相人偶之人，數語足以明之矣。春秋時，孔門所謂仁也者，以此一人與彼一人相人偶，而盡其敬、禮、忠、恕等事之謂也〔註16〕。

阮元論仁，舉曾子制言篇，人之相與也，中庸篇，仁者人也，指明「仁」就是「此一人與彼一人相人偶」——彼此之間相互往來時有敬、禮、忠、恕之事也。

但是談論起孟子說的「仁」，屈先生是很有意見的，甚至說孟子言仁和孔子不同，其言曰：

（二）孟子所見之「仁」字

> 繼承而且發揚孔子之學的亞聖孟子，他的學說，在一般人心目中，總認為和孔子是完全一致的。可是，關於仁字的涵義，在論語和孟子兩書裏，卻顯然不同〔註17〕。

> 孟子書中，只要談到政治，無不以仁政為前提；正和孔子仁道學說的最終目的相合。只是孔子把「仁」看作做人的最高準則，它包含著律己、待人、造福人類等多方面的意義。而孟子則只把握著「愛人」這一意義。兩相比較，孟子之仁的涵義，就比孔子之仁的涵義

〔註16〕阮元：《揅經室一集卷八‧論語論仁論》，新文豐出版社，頁157。

〔註17〕屈萬里：《書傭論學集》，開明書店，頁266。

狹隘多了。孟子以後，所有的書籍中用到仁字的，究其涵義，卻都是孟子之仁，而不是孔子之仁〔註18〕。

屈先生認爲孟子論「仁政」和孔子所述相近，沒有異議，除此之外，孟子只有「愛人」這一層面的論述，其餘的，像似律己、待人、造福人類等多方面的意義全不見了，認爲孟子窄化了「仁」的涵意。但是阮元是不是如此來看待孟子呢？其言曰：

孟子之學，純於孔子堯舜之道，漢唐宋以來，儒者無間言也，今七篇之文具在，試總而論之，孟子於孔子堯舜之道，至極推尊反覆論說者、仁也，元於《論語》之仁已著論矣，由是再論孟子之論仁。孟子論仁無二道，君治天下之仁，士充本心之仁，無異也，治天下非仁不可，故述孔子之言曰：道二，仁與不仁而已矣，又曰，君不行仁政而富之，皆棄於孔子者也；又曰，齊人無以仁義與王言者，我非堯舜之道不敢以陳於王前，蓋孟子時各國皆爭戰不愛民，專欲以利得天下，孟子反之，一則曰：仁者無敵，再則曰：國君好仁，天下無敵，反覆於愛民行仁政不尚利，以勉齊梁之君，且曰，三代之得天下也以仁，其失天下也不以仁，此後韓非李斯之徒，專欲以不仁利其國，而秦之亡不旋踵矣，孟子論仁，至顯明，至誠實，未嘗有一豪流弊貽誤後人也。一介之士，仁具於心，然具心者、仁之端也，必擴而充之著於行事，始可稱仁，孟子雖以惻隱爲仁，然所謂惻隱之心乃仁之端，非謂仁之實事也，孟子又曰，仁之實，事親是也，是充此心始足以事親保四海也。若齊王但以羊易牛而不推恩，孝子但顙有泚而不掩父母，乍見孺子將入井而不拯救，是皆失其仁之本心，不能充仁之實事，不得謂之爲仁也，孟子論良能良知，良知、即心端也，良能、實事也。舍事實而專言心，非孟子本指也，孟子論仁，至顯明，至誠實，亦未嘗舉心性而空之、迷惑後人也，然而君治天下之仁，有韓非之徒亂之，士充本心之仁，有釋氏之徒亂之，韓非之說其謬顯，釋氏之說其迷深，尋其源，皆出於老子之說，韓非託之，而遽至於大壞，釋氏襲之，而昧其所從來，是不可以不論，爰綜孟子各章，以類相從，以次相序，仿臺卿章指之意，各加按語，可見**孟子之仁，與孔子堯舜之仁，無少差異**，分之則習而不察，合之則章指並明，聖賢大道，朗然若日月之明，浩然

〔註18〕屈萬里：《書傭論學集》，開明書店，頁266，267。

若江河之行，判別若水火，而堅實如金石，刻薄寡恩之士，靈明太過
之人，皆棄於孟子者也〔註19〕。

阮元認為孟子論仁與孔子堯舜之仁無少差異，可見大師對孟子論仁政承襲孔
子之說無異議，沒有特別指其內容有寬窄之分。此外是否如屈先所言：孟子
論人已無律己、待人、造福人類等多方面的意思了，今就《孟子》一書來看：

愛人不親反其仁。〈離婁上〉

吾身不能居仁由義。謂之自棄也。〈離婁上〉

仁。仁之安宅也。〈離婁上〉

仁之實。事親是也。〈離婁上〉

君子所以異於人者。以其存心也。君子以仁存心。以禮存心。

仁者存心。〈離婁下〉

仁義禮智。非由外鑠我也。我固有之也。〈告子上〉

有天爵者。有人爵者。仁義忠信。樂善不倦。此天爵也。〈告子上〉

仁之於父子也。〈盡心下〉

很明顯的可以看出文中也有呈現出律己、待人、造福人類的涵意，只是不似
《論語》一書中反覆論述，出現多次吧了。

徐復觀先生也說道：

在孔子以前及以外的人皆以愛人為仁；這在孔子，依然是以愛人為
仁的一種基本規定……孔子是認定仁乃內在於每一個人的生命之
內，所以他才能說「仁遠乎哉？我欲仁，斯仁至矣」〈述而〉，及「為
仁由己」的話。……而仁的特質又是不斷地突破生理的限制，作無
限地超越，超越自己生理欲望的限制。從先天所有而又無限超越的
地方來講，則以仁為內容的人性。實同於傳統所說的天道。……對
於孔子而言，仁以外無所謂天道。他的「天生德於予」的信心，實
乃建立於「我欲仁，斯仁至矣」之上。性與天道的貫通合一，實際
是仁在自我實現中所達到的一種境界；而「我欲仁，斯人至矣」的
仁，必須是出於人的性，而非出於天，……當孟子說「仁，人心也」
〈告子上〉的話時，實等於說「仁，人性也」。這正是繼承孔子人性

〔註19〕阮元：《叢書集成新編・揅經室一集卷八》，新文豐出版社，頁202。

論的發展。由於孔子對仁的開闢，不僅奠定了爾後正統地人性論的

方向，並且也由此而奠定了中國正統文化的基本性格〔註20〕。

徐復觀先生也贊同孟子「仁」學繼承孔子「仁」學之說，並且因此開展了中國人性論的學說。

第五節　出土文獻所見之仁字

再從郭店簡、上博簡文獻中〈仁〉的字義來看，《緇衣》郭店簡本將「仁」寫作「𢘔」（息），而上博簡本寫作「𢘔」

古（故）大道發（廢），安有息（仁）義。〔註21〕

子曰：上好息（仁）則下之爲息（仁）也爭先。

子曰：（禹）立三年，百眚（姓）以息（仁）道，剴（豈）必盡息（仁）。〔註22〕

好息（仁）不堅。〔註23〕

息（仁）型（形）於內胃（謂）之悳（德）之行，不型（形）於內胃（謂）之行……不息（仁），思不能清。不智，思不能倀（長）。

眚不息（仁）不智，未見君子……不息（仁）不聖，未見君子。

〔註24〕

東〈柬（簡）〉，義之方也。匿，息（仁）之方也。（剛），義之方也。

矛（柔），息（仁）之方也。〔註25〕

息（仁）爲可新（親）也。義爲可尊也，忠爲可信也。〔註26〕）

〔註27〕）

宜（義），敬之方也。敬，勿（物）之即也。（篤），息（仁）之方也。

〔註20〕徐復觀：《中國人性論史先秦篇》，台灣商務印書館發行，頁 90～91、97～100。

〔註21〕《論語》、《孟子》、《郭店楚墓竹簡》〈老子丙〉，頁 121。

〔註22〕《郭店楚墓竹簡》〈緇衣〉，頁 129。

〔註23〕《郭店楚墓竹簡》〈緇衣〉，頁 131。

〔註24〕《郭店楚墓竹簡》〈五行〉，頁 149。

〔註25〕《郭店楚墓竹簡》〈五行〉，頁 151。

〔註26〕《郭店楚墓竹簡》〈尊德義〉，頁 173。

〔註27〕馬承源主編：《上海博物館藏戰國楚竹書》，（上海古籍出版社，2001 年）〈性情論〉第 24 簡，頁 255。

　　悤（仁），眚（性）之方也。眚（性）或生之。忠，信之方也。信，
　　青（情）之方也。青（情）出於眚（性）。

　　恙（愛）頪（類）七，唯眚（性）恙（愛）爲近悤（仁）。智頪（類）
　　五，唯宜（義）道爲忻（近）忠。亞（惡）頪（類）參（三），唯亞
　　（惡）不悤（仁）爲忻（近）宜（義）。〔註28〕

　　慎，悤（仁）之方也……亞（惡）之而不可非者，達（？）於義者
　　也。非之而不可亞（惡）者，（篤）於悤（仁）者也……上交近事君，
　　下交得眾近從正（政），攸（修）身近至悤（仁）。〔註29〕

再看在《上海博物館藏戰國楚竹書》中用的」仁」字的例子：

　　亞（惡）之而不可非者，謂於宜（義）者也。非之而不可亞（惡）
　　者，（篤）於悤（仁）者也。〔註30〕

　　昏（聞）道反己，攸（修）身者也。上交近事君，下交（得）眾近
　　芷（從）正（政），攸（修）身近至悤（仁）。〔註31〕

　　敬，勿（物）之即（則）也。（篤），悤（仁）之方也。悤（仁），眚
　　（性）之方也。眚（性）或生之。〔註32〕

　　情出於（性），（愛）（類）七，唯眚（性）恙（愛）爲近悤（仁）。
　　智（知）頪（類）五，唯宜（義）道爲近中（忠）。亞（惡）頪（類）
　　三，唯亞（惡）不悤（仁）爲〔近〕〔宜〕（義）。〔註33〕

以目前出土文獻中儒家思想最關鍵的資料莫過於《郭店竹簡》與《上博簡》，
從字型來看，《說文解字》「仁，親也，從人、從二。忎，古文仁從千心。」王
國維《史籀篇疏證》：「「古文」是戰國時期東土六國所通行的文字」，近年所
出土的戰國簡帛「悤」正是仁之古字忎，已經由多位專家學者驗證，無庸置疑。

〔註28〕《郭店楚墓竹簡》〈性自命出〉，頁180。
〔註29〕《郭店楚墓竹簡》〈性自命出〉，頁181。
〔註30〕馬承源主編：《上海博物館藏戰國楚竹書》，（上海：上海古籍出版社，2001
　　　　年）〈性情論〉第24簡，頁255。
〔註31〕馬承源主編：《上海博物館藏戰國楚竹書》，（上海：上海古籍出版社，2001
　　　　年）〈性情論〉第25簡，頁256。
〔註32〕馬承源主編：《上海博物館藏戰國楚竹書》，上海古籍出版社，2001年〈性情
　　　　論〉第33簡，頁267。
〔註33〕馬承源主編：《上海博物館藏戰國楚竹書》，上海古籍出版社，2001年〈性情
　　　　論〉第34簡，頁269。

有學者認爲這些戰國楚簡，出現「仁」字雖多，但確有一個共同的特徵，就是「仁」字的涵義，除了「仁政」和「仁德」之外，都是「愛」或者由「愛」引申的意思，以此推論正如屈先生所言，孟子以後所言仁字，都是「孟子之仁」而不是「孔子之仁」，但是郭靜雲先生對此特別提出討論，其言曰：

> 若仔細閱讀所有出土文獻，則可知悉先秦思想家所謂的「息」字，並不用於討論家族上下父子的關係，而是將父子關係加以轉化，用以解釋君民之間的互動。換言之，在先秦儒家思想中，君民猶如父子之親，故統治者應以「親民」來治國，統治者「親民」，即是「仁」政。

> 近來楚簡大量出土後，學界又重新開始討論「息」所表達的「仁」概念本旨，然大部份的學者依然從廣泛的「愛人」之義來對此進行探討。筆者以爲，此說忽略了戰國時期「息」字的確切用意。文獻中，「息」字未見有用以表達對別人廣泛親愛的文例，其意僅限於表達君民之間的「親」，與「以「息」治國」、「以「息」導民」等理想。如楚簡《緇衣》第七章謂：「禹立三年，百姓以「息」導」。上博《三德》第 22 簡如是曰：「臨民以仁，民莫弗……」。統治者「爲民父母」，應如家父般教育國民，「臨民以仁」對民眾發揮教育作用。如果忽略了這種教育，則民眾將「遠禮亡親息」。

> 「遠禮亡親仁」出自郭店簡的《尊德》第 16 簡，這裡的「親仁」「作複合詞用，以「亡親仁」表達民眾失去了「仁」德。而傳世先秦文獻《論語・學而》中，亦出現過「親仁」一詞，其云：「汎愛眾，而親仁。」以「親仁」表達統治者的「仁」德。另外，《緇衣》第六章云：「上好息，則下之爲息也爭先」，明確地顯示「仁」爲君民相「親」的概念，上者的「慈」與下者的「孝」共同構成「仁」的根本。爲使上下都能遵守仁道，統治者必須率先遵仁，所以在儒家思想中，統治者的「親仁」頗具教育民眾的作用〔註34〕。

此番陳述對戰國楚簡「仁」字的涵義，認爲除了「仁政」和「仁德」之外，僅是「愛」或者由「愛」引申的意思的說法，詳細說明其不同的看法，郭先生以爲：

〔註34〕郭靜雲：〈試論先秦儒家「息」概念之來源與本意〉，簡帛研究網 2010.0618。

　　文獻中，「㤅」字未見有用以表達對別人廣泛親愛的文例，其意僅限
　　於表達君民之間的「親」，與「以㤅治國」、「以㤅導民」等理想，並
　　舉證以對。

本人以為戰國楚簡「仁」字的涵義，正好解釋了屈先生的疑惑，《孟子》一書
中談仁政特別的多，以至孔子對仁的其他看法，孟子相對地說的少了，而戰
國楚簡「仁」字都用在親民上，這些專家學者都看出一件事，那就是：戰國
時代動盪不安的局勢，每況日下，有心之士必然會大聲疾呼：親民、仁政、
仁德，因此把「仁」字的主題圍繞在政治面，也是理所當然的。

第六章　簡帛與儒家之刑德觀

第一節　緒　論

　　這次出土之上博簡，論及刑與德的文章共有：〈季康子問於孔子〉、〈緇衣〉及〈仲弓〉等篇章，其中孔子與季康子對答最多，因此應把當時魯國國情說明清楚，再來說明孔子對刑德的看法。

　　春秋時期的魯國由公族執政，私家勢力的代表是季氏、叔氏、孟氏三家，他們都是魯桓公的後代，史稱「三桓」。三桓專權始於魯宣公時期。公元前609年，魯文公卒，隨之發生殺嫡立庶的君位之爭，結果文公庶子魯宣公即位。三桓乘內亂之機發展勢力，在各自的封地內修築城邑，並以此為根据地操縱魯國，出現了「公室卑，三桓强」〔註1〕的局面。魯宣公曾打算驅逐三桓，但未能成功。

　　三桓的勢力發展很快，他們利用執政卿的身份，在政治上控制公室，從經濟上削弱公室。公元前562年，「作三軍，三分公室而各有其一」。魯國公室原本有二軍，現改作三軍，季氏、叔氏、孟氏各統一軍，其不足之數由三家的宗族武裝補充。這樣一來，三桓就掌握了魯國的軍權，勢力大增。《左傳》昭公五年記載，公元前537年，三桓進一步「舍中軍，卑公室也」。之後不久，又「四分公室，季氏擇二，二子各一，皆盡徵之，而貢於公」。軍賦皆由三桓徵收，他們再象徵性地向公室交納一些。從此以後，魯國的軍政大權落入三桓手中，魯君成了徒有虛名的宗主。在三桓之中，季氏世掌國政，權勢最為

〔註1〕《史記·魯周公世家》，鼎文書局，頁1536。

顯赫。魯昭公不甘心失去權柄，於公元前 517 年聯合一些與季氏結怨的貴族攻打季氏，季平子私於晉六卿，六卿受季氏賂，季、叔、孟三家齊心協力，將昭公驅逐出國。魯昭公流亡在外達八年之久，由季氏代行君權，其間昭公曾多次圖謀返國，但均未能實現，最終客死於他鄉（乾侯），而且也沒有引起什麼反對聲浪。這是什麼原因呢？晉國的執政卿趙簡子就此事問及史墨，史墨回答說：「王有公，諸侯有卿，皆有貳也。天生季氏，以貳魯侯，為日久矣，民之服焉，不亦宜乎！魯君世從（縱）其失（佚），季氏世修其勤，民忘君矣，雖死於外，其誰矜之？社稷無常奉，君臣無常位，自古以然〔註2〕。」

其實，早在魯昭公流亡的前夕，宋國大夫樂祁就對魯國的政局作出了判斷，他說：『魯君必出。政在季氏三世矣，魯君喪政四公矣。無民而能逞其志者，未之有也』〔註3〕。以季氏為代表的三桓長期執掌魯政，得到了民眾的支持；以魯君為代表的公室則幾代未問政事失去了民心，已為百姓遺忘，其喪失政權也就不奇怪了。司馬遷記載史墨之言道：

> 季友有大功於魯，受鄪為上卿，至於文子、武子，世增其業。魯文
> 公卒，東門遂殺適立庶，魯君於是施國政。政在季氏，於今四君矣。
> 民不知君，何以得國〔註4〕！

季康子是何許人也？季康子是季桓子的獨生子。從《論語》一書中可以看到季康子與孔子之間的對答，就可以了解季氏家族在魯國權勢有多大，季桓子在魯國執政，當年把孔子趕出魯國，事後反悔，臨終遺命季康子要把孔子請回來。季康子執政後，原本並不想邀請孔子回國，後來看見已經歸國而成為手下的冉求作戰能力不錯，而且冉求說自己的作戰能力是孔老師教的，季康子才把孔子請回魯國來，並時時向孔子請益政治問題。上博簡《仲弓》篇一開端就說：「季桓子使仲弓為宰」，知仲弓做了季桓子的家臣，因而有了這些對話。

第二節　季康子、仲弓與孔子之對答

論語中季康子之言行表列如下：

〔註2〕《左傳·昭公三十二年》，藝文印書館，頁 933。
〔註3〕《左傳·昭公二十五年》，藝文印書館，頁 888。
〔註4〕司馬遷：《史記·魯周公世家》，卷 33，鼎文書局，頁 1543。

1.	季康子問：「使民敬忠以勸，如之何？」「子曰：「臨之以莊，則敬；孝慈，則忠；舉善而教不能，則勸。」（爲政篇第二）
2.	孔子謂季氏：「八佾舞於庭，是可忍也，孰不可忍也？」（八佾篇第三）
3.	季氏旅於泰山。子謂冉有曰：「汝弗能救與？」對曰：「不能。」子曰：「嗚呼！曾謂泰山不如林放乎？」「（八佾篇第三）
4.	季氏使閔子騫爲費宰。閔子騫曰：「善爲我辭焉！如有復我者，則吾必在汶上矣。」（雍也篇第六）
5.	康子饋藥，拜而受之。曰：「丘未達，不敢嘗。」「（鄉黨篇第十）
6.	季康子問政於孔子。孔子對曰：「政者，正也。子帥以正，孰敢不正？」（顏淵篇第十二）
7.	季康子患盜，問於孔子。孔子對曰：「苟子之不欲，雖賞之不竊。」（顏淵篇第十二）
8.	季康子問政於孔子曰：「如殺無道，以就有道，何如？」孔子對曰：「子爲政，焉用殺？子欲善，而民善矣。君子之德風，小人之德草，草上之風必偃。」「（顏淵篇第十二）
9.	子言衛靈公之無道也，康子曰：「夫如是，奚而不喪？」孔子曰：「仲叔圉治賓客、祝鮀治宗廟、王孫賈治軍旅，夫如是，奚其喪？」（憲問篇第十四）
10	季氏將伐顓臾，冉有、季路見於孔子曰：「季氏將有事於顓臾。」孔子曰：「求，無乃爾是過與？夫顓臾，昔者先王以爲東蒙主，且在邦域之中矣。是社稷之臣也，何以伐爲？」冉有曰：「夫子欲之，吾二臣皆不欲也。」孔子曰：「求，周任有言曰：『陳力就列，不能者止』，危而不持，顛而不扶，則將焉用彼相矣？且爾言過矣，虎兕出於柙，龜玉毀於櫝中，是誰之過與？」冉有曰：「今夫顓臾，固而近於費，今不取，後世必爲子孫憂。」孔子曰：「求，君子疾夫舍曰『欲之』，而必爲之辭。丘也聞有國有家者，不患寡而患不均，不患貧而患不安。蓋均無貧，和無寡，安無傾。夫如是，故遠人不服，則修文德以來之；既來之，則安之。今也與求也，相夫子，遠人不服而不能來也，邦分崩離析而不能守也，而謀動干戈於邦內，吾恐季孫之憂不在顓臾，而在蕭牆之內也。」（季氏篇第十六）
11	齊景公待孔子，曰：「若季氏則吾不能，以季孟之間待之。」曰：「吾老矣，不能用也。」孔子行。（微子篇第十八）

1. 「季康子問：『使民敬忠以勸，如之何？』子曰：『臨之以莊，則敬；孝慈，則忠；舉善而教不能，則勸。』」言外之意：季康子是既不莊、又不孝、又不慈，也就無法眞正「舉善教不能」。

2. 季康子問政於孔子。孔子對曰：「政者，正也。子帥以正，孰敢不正？」言外之意：季康子就是「不正」。

3. 季康子患盜，問於孔子。孔子對曰：「苟子之不欲，雖賞之不竊。」言下之意：季康子就是「慾望太多」了！

4. 季康子問政於孔子，竟然問：「如殺無道以就有道，何如」？言下之意：正準備要這麼做。孔子不但警告他「子為政，焉用殺？子欲善，而民善矣。」言下之意：季康子就是「不善」。孔子還接著提醒他：「君子之德風，小人之德草，草上之風必偃。」言下之意：季康子之德，根本不足以為民表率呀！

5. 甚至連季康子送藥給孔子，孔子都說「丘未達，不敢嘗」，可見孔子是如何的拒季康子於千里之外了！

而冉求做季康子的家臣，季康子為了擴權而討伐「顓臾」，冉求無法阻止，被孔子罵「這難道不是你的過錯嗎？」因此，當季康子的家人來問孔子「你的學生冉求算不算得一個真正的大臣」時，孔子說他還不能算是「以道事君，不可則止」的大臣，只能算是符合一般基礎要求的「具臣」而已。其中最嚴重的一次，就是「為季康子搜括財富」了！

由以上對話來看，無論用語、口吻，與郭店簡《成之聞之》極為相似，《成之聞之》：「故君子之立民也，身服善以先之，敬慎以導之。」主政者以身作則，為民表率，才合天德。

第三節　由簡帛看孔子施政理念——隆禮與薄刑

自從《尚書》多處論及「明德慎罰」的觀念，興起了「尚德慎刑」的思想，到了孔子，不但把刑德觀念用在治國上，同時也用在個人修身上，其言曰：

> 道之以政，齊之以刑，民免而無恥；道之以德，齊之以禮，有恥且格。〈為政〉

> 君子懷德，小人懷土；君子懷刑，小人懷惠。〈里仁〉

孔老夫子是把德與禮同列，而「德」的觀念由周朝興起後，孔子就時時拿出來討論、說明，在簡帛中之記載也不例外。

> 康子曰：「請問何謂仁之以德？」孔子曰：「君子在民〔簡2〕之上，執民之中，施教於百姓，而民不服焉，是君子之恥也。是故君子玉其言而誠其行，敬成其〔簡3〕德以臨民，民望其道而服焉，此之謂仁以德。〔簡4〕

〈季康子問於孔子〉全篇之中心思想在於「仁之以德」，孔子言「仁」，其內容有兩個明確的說法，一是「愛人」《論語・顏淵》，一是「克己復禮，爲仁」，詳如第五章第四節。論政當以主政者仁政爲說，君愛民當爲仁政之表現，「仁之以德」者，即爲「愛民以德」也。

〈緇衣〉則以刑德並舉：

> 子曰：〔簡12〕長民者教之以德，齊之以禮，則民有勸心；教之以政，齊之以刑，則民有免心。故慈以愛之，則民有親；信以結之，則民不悖；恭以涖之，則民有遜心。《詩》云：〔簡13〕「吾大夫恭且儉，靡人不斂。」〈呂刑〉云：「苗民非用令，制以行，惟作五虐之刑曰法。」〔簡14〕

此處所言與《論語》所述意同：

> 道之以政，齊之以刑，民免而無恥；道之以德，齊之以禮，有恥且格。

指出主政者若以德、禮來教化人民，人民不但有羞恥心而且培養良善的行爲；反之，主政者若以政令刑罰來約束人民，人民僅存免於刑罰之心。此處「勸心」是指有鼓舞人民向善之心，而「免心」是指避免刑罰之心，主政者心態的不同，所用的方法就天差地別，相對地，結果也是大大不同了。〈緇衣〉又載：

> 子曰：政之不行，教之不成也，【則刑罰不足恥，而爵不足勸】〔簡14〕也。故上不可以褻刑而輕爵。〈康誥〉云：「敬明乃罰。」《呂刑》云：「播刑之迪。」〔簡15〕

簡文中指出，政令無法順利推行的原因是因爲主政者教化人民失敗所致，如果人民對主政者無法心悅誠服，即使用刑罰，用爵祿也不足以使人民感到羞恥與鼓舞。〈季康子問於孔子〉說道：

> 【康子曰：「（……）」】也縈。烈今語肥也以處邦家之術曰：『君子不可以不強，不強則不立〔簡8〕【君子不可以不□，不□則□□。君子不可以不】威，不威則民然（？）之。毋信玄憎，因邦之所賢而舉之。大罪殺〔簡21〕之，常罪刑之，小罪罰之。苟能固守〔簡22前〕而行之，民必服矣。故子以此言「爲奚如？」
>
> 孔子曰：「由丘」觀之，則美〔簡13〕言也已。且夫烈今之先人，世三代之傳史」，豈敢不以其先人之傳志告」。」康子曰：「然其囑人

　　亦曰：『古之爲〔簡 14〕邦者必以此。』」孔子曰：「言則美矣。然
〔簡 15A〕異於丘之所聞。丘「昏（聞）之。臧文仲有言曰：『君子
強則遺，威則民不〔簡 9〕導，滷則失眾，礥則無親，好刑則不祥，
好殺則作亂。』是故先人之居邦家也，夙興夜寐〔簡 10〕降端以比，
民之勸美弃惡毋歸，慎小以合大，疏言而密守之。毋欽遠，毋詣逐；
惡人勿陷，好〔簡 19〕人勿貴，救民以親，大罪則處之以刑，常罪
則處之以罰，小則誳之。凡欲勿狂，凡失勿危，各〔簡 20〕當其曲
以成之。然則邦平而民擾矣。此君子從事者之所商望也。」〔簡 23〕

文中季康子以烈今語詢問孔子，其引烈今言：治國之術必須立威，並以大罪殺
之，常罪刑之，小罪罰之說明立威之旨。孔子則引臧文仲之言回應，並以好刑
則不祥，好殺則作亂。主張大罪則處之以刑，常罪則處之以罰，小則誳之。比
較來看，不贊成以威勢治國，當以寬厚之心待民，與「以德爲治」理念相合。
　　除〈緇衣〉、〈季康子問孔子〉兩篇之外，上博簡中反映將「德治」、「刑
治」二者比較之篇章尚有〈仲弓〉一篇，文中雖無「德治」、「刑治」二者對
比討論之文句，但由文意中亦可透顯其思想，其載：

　　仲弓曰：「敢問爲政何先？」〔簡 5B〕仲尼：「〔簡 28〕【曰】老
　　老慈幼，先有司，舉賢才，宥過舉罪，〔簡 7〕辠（罪）政之始也。
　　〔簡 84〕」

本文與《論語・子路》

　　仲弓爲季氏宰，問政。子曰：先有司，赦小過，舉賢才。意同。仍是以
「德治爲主，刑政爲輔」。此處所言「老老慈幼」、「宥過舉罪」，皆是「仁政」
之愛民表現。〈仲弓〉又載：

　　仲弓曰：「宥過舉罪，則民可後〔簡 10〕孔子曰：山有崩，川有竭，
　　日月星辰猶差，民無不有過，賢者之〔簡 19〕刑政不緩，德教不倦。」

一再陳述對民「赦過」猶如山有崩水有竭時，寬以待民，以德教之才是爲政
之本。

第四節　結論

　　從《孔叢子・刑論》載有孔子與彌牟的一段對話中，禮、德、刑、政在
施行過程中之具體問題，孔子亦有見解和比喻：

　　孔子適衛，衛將軍文子問曰：「吾聞魯公父氏不能聽獄，信乎？」孔子答曰：」「孔子答曰：「不知其不能也。夫公父氏之聽獄，有罪者懼，無罪者恥。」文子曰：「有罪者懼，是聽之察，刑之當也。無罪者恥，何乎？」孔子曰：「齊之以禮，則民恥矣；刑以止刑，則民懼矣。」文子曰：「今齊之以刑，刑猶弗勝，何禮之齊？」孔子曰：「以禮齊民，譬之於御，則轡也；以刑齊民，譬之於御，則鞭也。執轡於此而動於彼，御之良也；無轡而用策，則馬失道矣。」文子曰：「以御言之，左手執轡，右手運策，不亦速乎？若徒轡無策，馬何懼哉？」孔子曰：「以御言之，左手執轡，右手運策，不亦速乎？若徒轡無策，馬何懼哉？」孔子曰：「吾聞古之善御者，執轡如組，兩驂如舞，非策之助也。是以先王盛於禮而薄於刑，故民從命。今也廢禮而尚刑，故民彌暴。」文子曰：「吳越之俗，無禮而亦治，何也？」孔子曰：「夫吳越之俗，男女無別，同廁而浴，民輕相犯，故其刑重而不勝，由無禮也。中國之教，爲外內以別，男女異器服，以殊等類。故其民篤而法，其刑輕而勝，由有禮也。」〔註5〕

以禮譬轡，以刑譬策，並將善御者之「執轡如組，兩驂如舞」來比喻「盛於禮而薄於刑」，譬喻貼切。此外，在《大戴禮記・盛德》亦有詳細之詮釋，云：

　　德法者，御民之銜勒也。吏者轡也。刑者筴也。天子御者，內史、太史左右手也。古者以法爲銜勒，以官爲轡，以刑爲筴，以人爲手，故御天下數百年而不懈墮。善御馬者，正銜勒，齊轡筴，均馬力，和馬心，故口無聲，手不搖，筴不用，而馬爲行也。善御民者，正其德法、飭其官、而均民力，和民心，敬聽言不出於口，刑不用而民治，是以民德美之。……不能御民者，棄其德法，譬猶御馬，棄轡勒而專以筴御馬，馬必傷，車必敗，無德法而專以刑法御民，民心走，國必亡……故曰：德法者，御民之本也〔註6〕。

孔子提倡「教之以德，齊之以禮」，而不主張「教之以政，齊之以刑」。以德、禮教人，能使人「有恥且格」，而以政、刑約束人，反使人有遁逃、躲避之心。他曾對哀公說：「政者，正也。君爲正，則百姓從政矣。」將約束人民之「政

〔註 5〕孔鮒：《孔叢子・刑論》，國學基本叢書，台灣商務，頁 23～25。
〔註 6〕《大戴禮記今註今譯・盛德》，台灣商務，頁 283～284。

令」巧妙地解爲含有德與禮之「身正」，亦即化政爲正，無非也是推行以德、禮教人、以德、禮治國。

不僅竭力提倡「教之以德，齊之以禮」，並以君主對人民如能「子以愛之，則民親之，其舉《甫刑》苗君之事爲證，可與孔子對苗君受虞舜德化一事得知。

《韓詩外傳》卷三：

> 當舜之時，有苗不服。其不服者，衡山在南，岐山在北，左洞庭之波，右彭澤之水，由此險也，以其不服。禹請伐之而舜不許，曰：「吾喻教猶未竭也。」久喻教而有苗民請服。天下聞之，皆薄禹之義，而美舜之德。詩曰：「載色載笑，匪怒伊教。」舜之謂也。問曰：「然則禹之德不及舜乎？」「曰：「非然也。禹之所以請伐者，欲彰舜之德也。故善則稱君，過則稱己，臣下之義也。假使禹爲君，舜爲臣，亦如此已矣。夫禹可謂達乎爲人臣之大體也。」〔註7〕

禹請攻有苗，而有苗最終歸德虞舜之傳說，爲春秋時所盛傳。孔子宣導禮、德之治，遂援以爲用。故本章引《甫刑》之深意，不僅在於用有苗制五虐之刑爲誡，實禹有其最終賓服於虞帝之德，有強調禮、德之治之用意。「隆禮與薄刑」就是孔子施政的理念，另一方面，刑德觀與四時結合，造成有賞罰的功能，對兩漢政治造成極大影想。

自從《尚書》提出「德」這個觀念，並且多有「尚德慎刑」的紀載，由上博簡〈季康子問於孔子〉、〈緇衣〉及〈仲弓〉等篇章，更可以充分對照《論語》與《孔叢子》中孔子對禮、刑、德、政的具體闡述。

〔註 7〕 韓嬰：《韓詩外傳》，藝文印書館，頁 14～15。

第七章　簡帛與早期儒家之天道觀

第一節　緒　論

孔子的天有傳統主宰天的含義：

如「獲罪於天，無所禱也」《論語・八佾》，

「吾誰欺，欺天乎？」《子罕》

「予所否者，天厭之！天厭之！」《雍也》「不怨天，不尤人，下學而上達，知我者其天乎？」《憲問》；

孔子也說過自然天：

「子曰：天何言哉！四時行焉，百物生焉。天何言哉！」《陽貨》；

同時也談到命運天：

「子曰：道之將行也與？命也。道之將廢也與？命也。公伯寮其如命何！」《憲問》

「伯牛有疾，子問之，自牖執其手，曰：『亡之，命矣夫！斯人也有斯疾也！』」《雍也》

「子夏曰：商聞之矣：『死生有命，富貴在天。』」《顏淵》

主宰天及命運天，都是春秋以來傳統觀念的延續，只是孔子不只是延續了傳統的命運觀，而且提出了「知天命」去超越命運天的範疇，確立人們面對命運的態度。早期儒家談天人思想經常與心性連結在一起，在簡帛的文獻中，也同時出現這樣的現象。

第二節　簡帛之「天人之分」

《語叢一》第29、30簡云：

> 「知天所爲，知人所爲，然後知道，知道然後知命」。

《窮達以時》也指出：「有天有人，天人有分。察天人之分，而知所行矣。有其人，無其世，雖賢弗行矣。苟有其世，何難之有哉？（第1～2簡）」。

「知天所爲，知人所爲」當然是明於天人之分的起點，對天與人、天爲與人爲、天之所爲與人之所爲，都要明察，都在明察之後，才能知道，知道然後知命。於此可以知道簡帛所謂知道、知命，乃是建立在認識天之所爲與人之所爲的基礎之上，沒有明於天人之分的認知功夫，恐怕知道、知命是不可能的。而《窮達以時》開篇就點出：「有天有人，天人相分」，這說明「天」或「人」，都有其獨自存在的意義和深刻內涵，正因爲如此，「天」「天」與「人」應是有分別的。簡帛云「察天人之分，而知所行矣。」「對「所行之知」是依據於「察天人之分」而來，因此了解「天人之分」是「知其所行」的根本。本原不清不明，不辨不察，如何能正確地「知其所行」？

以竹簡看來，關係世間窮達的，不僅有人而且有天，天人各有其分。舜耕於歷山，陶疬於河浦，立而爲天子，遇堯也；皋陶〈傳說〉衣枲褐，冒絰蒙巾，釋板築而佐天子，遇武丁也。呂望爲臧棘津，守監門來地，行年七十而屠牛於朝歌，興而爲天子師，遇周文也。管夷吾拘囚桎縛，釋械柙而爲諸侯相，遇齊桓也。百里轉鬻五羊，爲伯牧羊，釋鞭棰而爲命卿，遇秦穆【也】。孫叔三舍期思小司馬，出而爲令尹，遇楚莊也。這些實例，正說明天命的安排，非人力可爲。

《窮達以時》第11簡云：「遇不遇，天也。」與《唐虞之道》中，「聖以遇命，仁以逢時」都強調「遇」是關鍵，既然遇不遇乃天定，而非人爲，遇不遇是命運，那麼人面對此種天定的因素，命運的安排，又應如何理解或安頓自身的行爲舉止？以及如何對應生命的觀照呢？這種天往往對人世的窮達禍福發揮著巨大作用，或者說窮達禍福本來就屬於天，是「可遇而不可求」是非人力所能控制、掌握的。所以竹簡感嘆「時」、「遇」的重要，認爲「有其人，吾其世，雖賢弗行矣」，往往就是針對這些內容而言，所謂「謀事在人，成事在天」也。《窮達以時》第14簡云：「窮達以時，德行一也。」第15簡云：「窮達以時，幽明不再，故君子（惇）於反己。」「這兩條傳達了以德安命，以人順天，同時又以德涵命，以人導天的思想傾向。這也是徹底貫徹「察天人之分，而知所行矣」的結果。

　　既然天的作用如此之大，那麼，是否人便無所可爲，只能聽天命了嗎？動非爲達也，故窮而不怨，隱非爲名也，故莫之知而不吝。芷蘭生於林中，不爲人莫嗅而不芳。無莟根於包山石，不爲無人不……善否已也，窮達以時；德行一也，譽毀在旁；聽之弋之，母白不釐。窮達以時，幽明不再。故君子敦於反已。（第11～15簡）

　　在竹簡看來，窮達取決於時運，毀譽在於旁人，這些都屬於天不屬於人；而一個人的德行如何，則取決於自己，與天無關，所以積極行善、完善德行才是人的職分所在，才是人應該努力追求的目標。明白了這種「天人之分」，就不應汲汲於人的窮達禍福和現實際遇，而應：「敦於反己」，只注重自己職分的德行，「盡人事以待天命」。

　　然而何以知命？這仍是要回到以德涵持天命的老路上去，也是簡書強調「仁」、「聖」二德目的的原因。如果人在以仁、聖爲指規的德性修養中能夠堅定立場，那麼人自身的生命是不會爲外物所勸誘，爲非時非命的遭遇所擊退的。《語叢二》第48簡云：「有德者不移」，《說文》云：「移，遷徙也。」有德之人則能不隨物遷，不被俗圍，能夠立身成己，堅定不移，這是德性的生命主持肉體生命的結果。《語叢三》第50簡云：「狎於德」，習之又習之，則人的生命必然被德性化了。《論語‧述而》亦有此句，足見習德對於身心的安立與人性的修養起着決定性的作用。「有德者不移」，其先決條件是人必須有其德以內圍其身心；「狎於德」，其必然的推論則是通過身心內外的休養而行之於中。何謂形之於中、內之於身？簡書《五行》作了比較深入而比較系統的論述。

　　何以生德於中？《性自命出》第18簡云：「教，所以生德於中者也。」教以道爲本，道兼情義，尤以人道所近。教包括成文經典之教和禮樂人道之教，二者皆具有生德於中，涵養人心人性的巨大作用。由於教以人道爲近本，又具有教化的作用，所以它做爲統治階級進行統治的一個內容和手段，是必然不可缺少的。

　　在周人的觀念中，本來天是有意志、有目的的，可以按照行爲來獎善罰惡，當人們在現實生活中發現，天並非那麼絕對公正，行善之人未必會有好報，作惡之人也不一定會受到懲罰，天的公正性、權威性開始發生動搖。如「瞻卬昊天，則不我惠。」《詩‧大雅‧瞻卬》「旻天疾威，天篤降喪。」《召旻》「天生蒸民，其命匪諶。」《蕩》人們不再認爲命運與個人德行有必然關

係，而是將其歸之於不可控制的力量，由傳統的主宰天分化出命運天。這種命運天在《詩經・國風》中不時可以看到，如「夙夜在公，實命不同」，「抱衾與裯，實命不猶」《小星》；「大而無信，不之命也」《蝃蝀》。其他如在「何辜於天？我罪伊何？……天之生我，我辰安」《小雅・小弁》；「我生不辰，逢天僤怒」《大雅・桑柔》。其中「我辰安在」、「我生不辰」均反映了對個人命運時遇的關注。與此同時，自然之天的觀念也開始出現，如見於《詩》、《書》的「蒼天」：「悠悠蒼天，此何人哉！」《國風・黍離》。「蒼天蒼天，視彼驕人，矜彼良人」《小雅・巷伯》此外還有「天地」：「惟天地，萬物之母。」《尚書・泰誓》「寅亮天地。」《周官》不過起初的蒼天、天地可能還不同於今人所謂的自然之天，到了春秋時期，自然之天的觀念才逐漸增強。在此基礎上，「天道遠，人道邇，非相及也」（子產語，見《左傳・昭公十八年》）的觀念開始出現，傳統的主宰天進一步遭到懷疑、否定。作為儒學的創始者，孔子對於天的看法，也是在此基礎上發展而來。

子曰：「吾十有五而志於學，三十而立，四十而不惑，五十而知天命，六十而耳順，七十而從心所欲不踰矩。」《為政》孔子所謂的「知天命」應是對命運達觀的理解，知道如何去對待、面對它。孔子說：「不知命，無以為君子也。不知禮，無以立也。不知言，無以知人也。」《堯曰》這裡的「知禮」、「知言」均是就如何對待外在禮儀和他人言論而言，實際包含了主體的態度和方法，「知命」也是如此。從孔子的論述來看，他十五歲有志於學。三十歲掌握了各種基本禮儀，可以「立於禮」《泰伯》，自立於社會。四十歲可以不再困惑，那麼，人生中什麼最易使人困惑呢？顯然是欲行大道於天下而不可得，身處窮困之地而無人理解。孔子認識到道的「行」與「不行」以及個人的遭遇如何，均非個人所能控制。對於個人來說，只要完善德行，做一個有德的君子便可以無愧於心。所以由「四十而不惑」進一步便是「知天命」，知道什麼是自己所不能掌控的，什麼是自己能掌握住的。到六十歲可以「耳順」，聽到世間種種窮達禍福、沉浮變化之事，可以從容待之，不會觸逆於心，心不會被煩擾。

那要對命運要如何看待呢？「從心所欲不踰矩」也是建立在「知天命」之上，是區分了自己所能控制的和不能控制的範圍，是由道德實踐所達到的一種自我選擇。因此，「知天命」作為孔子人生修養的一個重要階段，實際討論的是如何面對命運的問題，明白什麼是自己能夠做到的，什麼是自己不能

控制的，以消解因窮達禍福而帶來的種種困惑。所以，孔子在人生面臨挫折和危機時，常常喜歡談天、說命，以獲得心理的舒泰與安寧，並根據時運的變化對行爲做出調整，得勢積極進取，窮則獨善其身。「子曰：……天下有道則見，無道則隱。」《泰伯》「子曰：道不行，乘桴浮於海。」《公冶長》「子曰：富而可求也，雖執鞭之士，吾亦爲之。如不可求，從吾所好。」（同上）這裡的「可求」、「不可求」，顯然與簡帛《窮達以時》第 11 簡云：「遇不遇，天也。」相同。所以孔子的思想也蘊含著一種天人之分，只是竹簡明確提出：合於義就得福，不合則遭禍；竹簡的天人之分則將行爲和禍福分離，行善不再是爲了躲避懲罰或祈求福報，而是盡人之爲人的職分，就哲學的尺度來看，這一分離乃是外在限定與內在自覺之分，是道德的覺醒與思想的進步〔註1〕。

孔子思想的基本內容是禮和仁。禮代表社會規範，是外在性的一面；仁代表道德情感，是內在性的一面。他一方面說「克己復禮爲仁」〔註2〕，要克去自己的個人欲望，自覺地作到視、聽、言、動都符合外在的社會規範，就是仁了。這是把社會政治、倫理規範內在化爲人的自覺得道德意識。另方面又說：「爲仁由己，而由人乎哉？〔註3〕」「仁遠乎哉？我欲仁，斯仁至矣〔註4〕。」「說明仁是由內在的情感需要產生的，仁就在每個人的內心，既不需要外在的某種信仰或崇拜，也不需要異己的某種來源和安排。能不能作到仁，這完全是自己的事情，不需要別人的幫助。因此，「而無仁，如禮何」？沒有內心在的道德心，所謂禮不過是一個形式而已。二者相比較，他更強調內在道德情感和意志，因爲這是完成人格的內在根據。

在孔子看來，仁是最高的德性，也是人生追求的理想境界。曾子說：「士不可以弘毅，任重而道遠。仁以爲己任，不亦重乎？死而後已，不亦遠乎？〔註5〕」士大夫知識份子應該把實現仁作爲自己終生的奮鬥目標和實際行動。仁被認爲是人的直覺的自我意識，爲仁而戰鬥，這是人的內在的要求和動力。「當仁不讓於師」，「志士仁人，無求生以害仁，有殺身以成仁」，說明仁是人的價值所在。仁之對於人，比生命更加可貴，因此，他又說：「民之於仁也，甚於水火。」仁是人人所不可缺少的內在需要，也是人的內在德性。

〔註1〕 文參梁濤：《郭店竹簡與思孟學派》，中國人民大學出版社，頁447～450。
〔註2〕 《論語·顏淵》，第十二，藝文印書館，頁106。
〔註3〕 《論語·顏淵》，第十二，藝文印書館，頁106。
〔註4〕 《論語·述而》，第七，藝文印書館，頁64。
〔註5〕 《論語·泰伯》，第八，藝文印書館，頁71。

第三節　簡帛中之自然天

　　上博簡〈三德〉中的「天」有時代表的是狹義的「天時」，如「知天足以順時」（簡 17）、「順天之時」（簡 18），但大部分與「天」相關之表述，則用其廣義，即「天」是恆常不變規範體系的象徵或代名詞。如「順天之常」（簡 1）、「是謂天常」（簡 2）。馬王堆漢墓帛書《黃帝四經》中，「天」是個非常重要的概念，有時會「天地」連用，代表的是恆常、不變的準則規範，而不是有意志、有作爲的人格神、主宰神。有時它可以轉變成爲一個形容詞，表示「客觀的、絕對的、不可違抗的」。

　　〈三德〉中還有〈天惡如忻〉（簡 1）、「天神」（簡 2）、「天乃降異」（簡 2）、「天命」（簡 3）、「天禮」（簡 3、簡 12）、「天之所敗」（簡 13）、「天災」（簡 14）、「天飢」（簡 15）、「仰天事君」（簡 15）、「……天無不從……天從之……天從之……天從之……天從之……天從之……」（簡 18）〔註6〕。《黃帝四經》同樣是大量使用「天」字，其中可見「天道」、「天德」、「天極」、「天當」、「天功」、「天理」、「天度」、「天常」、「天成」、「天殃」、「天誅」、「天刑」、「天毀」、「天佑」、「天之稽」、「天之期」、「天之性」、「天之命」、「天地之道」、「天地之理」、「天地之紀」、「得天」、「失天」、「順天」、「逆天」等等。雖然〈三德〉和《黃帝四經》有些用詞不完全相同，但所要表達的意境非常相近，均要求人類必須以天地的運行體系爲模範與準則，才能得到「天」的祐護，不然將受到「天」之懲罰。

　　〈三德〉多次提到「時」，如簡 1 說：「卉木須時而後奮。」認爲統治者的一個重要職責就是謹守天時，不誤民時，如「驟奪民時，天飢必來」（簡 15），「奪民時以土攻，是謂……。奪民時以水事，是謂……」（簡 16），「〔不〕懈於時」（香港簡）。《黃帝四經》認爲「天」最重要的運行規則，簡單地說就是「四時」，所以要重「時」守「時」、依「時」而動，《黃帝四經》不厭其煩地論述這一點。

　　當然，如果說〈三德〉和「時」主要和「民時」相關，那麼，「時」的概念在《黃帝四經》中要更複雜，涉及到依據「時」之循環往復，來合理安排農事、征伐、刑罰等一切政治活動，《黃帝四經》將這種理念和陰陽刑德思想結合起來。這說明〈三德〉和《黃帝四經》之間在思想脈絡上存在著緊密的關係〔註7〕。

〔註6〕馬承源主編：《上海博物館藏戰國楚竹書・五》，上海古籍出版社，頁 127～148。
〔註7〕文參曹峰：《上博楚簡思想研究》，萬卷樓出版，頁 245～251。

曹峰先生花了許多篇幅來談論並且對比上博〈三德〉及《黃帝四經》二者之間對「天」及「時」之關係，就會明顯的發現，上博〈三德〉所言「天」及「時」，就有兩個方向，一個是談「天命」，一個是談「天道」；一個談「時運」，一個談「四時」，而且各自發展，所以就愈走愈遠，一個與陰陽刑德結合，而有賞罰的徵兆；一個走到性命之分，而有孟子「四端說」的產生。

第四節　《窮達以時》是孟子「性命之分」說之原型

郭店簡《窮達以時》的天人之分，與孟子思想息息相關。孟子不僅重道德天，也重命運天。據《孟子‧梁惠王下》，魯平公欲見孟子，嬖人臧倉卻從中作梗，孟子評論此事說：「(魯侯) 行，或使之；止，或尼之，行止非人所能也。吾之不遇魯侯，天也。臧氏之子，焉能使予不遇哉！〔註8〕」君臣的知遇與否，不是某一個人所能決定，這種力量，孟子即稱之為天，這種天顯示是一種命運天。又比如，舜輔佐堯，禹輔佐舜時間都很長，恩澤施及百姓，而益輔佐禹的時間短，所施恩澤不及舜、禹，加之堯、舜的兒子都不肖，而禹的兒子啟賢。這樣，舜、禹都做了天子，而益卻失位於啟。孟子解釋這種差別的根源時說：「舜、禹、益相去久遠，其子之賢不肖，皆天也，非人之所能為也。」《萬章上》一個人在位時間的長短，其後代的賢與不肖，都是由天決定的，不是人力所能控制的。孟子由此對天、命作出一個結論：「莫之為而為者，天也；莫之致而至者，命也。」《萬章上》我們所生活的世界中，似乎有一個主宰者在發號施令，它作用於每個人身上，使其或窮或達、或福或貴、或壽或夭，表現出不同的人生際遇，這種力量就是天，落實到個人就是命。與竹簡一樣，孟子提出命運天，並不是要人無所作為，而是要通過「察天人之分」，更好地發揮人的作用。

孟子曰：「莫非命也，順受其正。是故知命者，不立乎巖牆之下。盡其道而死者，正命也；桎梏死者，非正命也。」〔註9〕〈盡心上〉

在孟子看來，人世的窮達禍福壽夭等雖然無一不是受制於命，但應該順應和接受命運的正常態度，不能因為人的壽夭是由天和命所決定，便對生命採取無所謂的態度，故意立於危牆之下，或者鋌而走險，以身試法，這些都不能

〔註8〕　趙歧：《孟子注疏》，藝文印書館，頁47。
〔註9〕　趙歧：《孟子注疏‧公孫丑上》，藝文印書館，頁66。

算是「知命」，所獲得的也都不是「正命」。但還有一種情況，當一個人面臨道義的抉擇時，儘管他知道這樣會犧牲自己的生命，儘管他知道保存生命「有性焉」，是人的一種本能，但他依然會從容就死，「殺身以成仁」，「舍生以取義」，這才是真正的「知命」，所獲得的也才是「正命」。孟子的「知命」與孔子的「知天命」一樣，都不是要預測吉凶禍福，而是要知道如何對待命運，確立對待命運的正確態度，這種態度顯然是以「天人之分」或「性命之分」為基本內容的。而孟子的「正命」是指正確、正常的命運，是人應該追求的命運。它不僅要求對於壽夭禍福這些本質上屬於天的內容，在人力可及的範圍難應積極爭取最佳的結果，不可聽天由命，無所作為；更為重要的，乃是要求超出窮達禍福之外，不以現實際遇，而是以是否「盡道」、盡人的職分看待人的命運。一個人為了道義、理想犧牲了現實的富貴顯達乃至生命，仍可以說他獲得了「正命」。因此，命運雖然是人不能控制的，但如何面對命運卻是可以選擇的，孟子的「知命」、「正命」表達的正是對命運的選擇、評價、判斷，在人與命運的對立中確立起人之為人的主體地位和尊嚴。

存心養性事天。孟子論天、天道和天時，目的不在於使人被動地聽天由命，而在於順天成人，應天成事。他主張人要主動有為，做大事業。「夫君子，所過者化，所存者神，上下與天地同流，豈曰小補哉？」因此，他提出了知天事天的途徑。「盡其心者，知其性也。知其性，則知天矣。存其心，養其性，所以事天也。妖壽不貳，修身以俟命，所以立命也。」擴張內在的善心，體認自己的善性，從而知道天和天命。保存善良的本性，培養天生的善性，這便是人對待天和天命的方法。終生對此常行不懈，人便可以安身立命了。人之所以能「盡心知性」、「存心養性」的方法知天事天，是因為人生於天，仁、義、禮、智、忠、信等「天之道」自然地存在於人心、人性。「惻隱之心，仁之端也；羞惡之心，義之端也；辭讓之心，禮之端也；是非之心，智之端也；人之有四端也，猶其有四體也。」「惻隱之心，人皆有之；羞惡之心，人皆有之；恭敬之心，人皆有之；是非之心，人皆有之；惻隱之心，仁也；羞惡之心，義也；恭敬之心，禮也；是非之心，智也；仁義禮智，非由外鑠我也。我固有之也，弗思耳矣。故曰求則得之，捨則失之。〔註10〕」

〔註10〕趙歧：《孟子注疏‧告子上》，藝文印書館，頁 195。

第五節　荀子的天論

一般人都會認為荀子的天指的是自然天，因為荀子一開場就說：

> 天行有常，不為堯存，不為桀亡。應之以治則吉，應之以亂則凶。

但是荀子也有說「節」這個問題，其言：

> 楚王后車千乘，非知也；君子啜菽飲水，非愚也。是節然也〔註11〕。

依楊倞注「節」：節謂所遇之時命也。劉台拱注曰：節遇謂之命也。俞樾注曰：節猶適也。

由此看來，這種看法與簡帛《窮達以時》所言相同，都是將窮達歸於「時遇」，尤其還強調：「敬其在己者而不慕其在天者」，也同於竹簡的「敦于反己」，是很明顯的。如果說竹簡所謂的天人關係與孟子接近，與荀子思想懸遠，但是孟子因此導出性善說，而荀子由反說而導出性惡說，如果沒有關聯，又要如何導引出來呢？兩位都因此探討心性看法，不宜強說荀子完全沒有此種看法而只有自然天。仔細看來，無論孟子還是荀子，都有自然天、德性天的論述，只是孟子論述的深，也論述的多，而荀子比較傾向自然天，這方面的論述也比較多吧。

「德」在《尚書》中出現的頻率很高，幾乎每篇都有以德配天的紀錄，只是在《夏書》或《商書》是把天與德或民與德聯系起來，到《周書》才把天與民真正聯系起來。《周書‧洪範》「三德：一曰正直，二曰剛克」談的是道德層面；上博簡〈三德〉說的較多的是恆常不變自然之天，換言之，是天德或人德這兩個思維，一直持續在發展中，而孟子承襲了《周書》這個德性天的體系，而荀子吸收了自然天這個系統，至此論述上開展出不同的路線！

〔註11〕王先謙：《荀子集解》，藝文印書館，頁 535。

第八章　簡帛與早期儒家之心性觀

第一節　緒　論

　　中國哲學心性理論，特別是儒家心性論，主要是以情感、心志為根本，因此儒家心性論所要塑造的人格，是以道德為主體；是實踐型的，或稱之為道德理性主義或實踐理性哲學。談論儒家心性之學，一定會與天道、天命連結成一整體性，這是無法分割論述的。

　　儒家以仁、義、禮、智為心性之主體；不管它被說成是先驗的，還是經驗的。仁是從道德情感上說的。它是情感經驗的「昇華」，就是所謂的惻隱之心；義是從道德意志上說的，它表現為道德判斷，就是所謂的羞惡之心；禮是從道德倫理上說的。它表現為社會的上下尊卑關係和禮節儀式，就是所謂的辭讓之心；智則是從道德認識上說的。它表現為道德觀的自我體認；即所謂「是非之心」。這些都是人與人之間的社會關係而產生的價值觀念。儒家很重視情感經驗，其心性之學就是從情感經驗出發的。但又提出性和情的區分，這就意味著從感性向理性的超越。如所謂「四端」之情，雖出於心理情感或心理本能，但一旦「擴充」而提高、昇華為仁、義、禮、智之性，便成為自覺的道德意識而具有形而上的必然性。誠如阮元所言：一介之士，仁具於心，然具心者、仁之端也，必擴而充之著於行事，始可稱仁，孟子雖以惻隱為仁，然所謂惻隱之心乃仁之端，非謂仁之實事也，孟子又曰，仁之實，事親是也，是充此心始足以事親保四海也〔註1〕。

　　孟子心性論的完成，由竹簡中已見端倪，由下文來說明。

〔註 1〕阮元：〈揅經室一集・孟子論仁論〉，新文豐出版，頁 202。

第二節 「性」自命出

郭店簡「雖有性,心弗取不出」

儒家心性論的另一個重要特點是,強調人格的自我完成和自我實現;也就是強調人的主體能動作用。這充分表現在對於「心」的極端重視和強調。總之,人性是要靠心來實現、來完成的;而心是仁人所具有的。

孔子最早提出了道德主體思想。他的「人能弘道,非道弘人」以及「爲仁由己」、「我欲仁,斯仁至矣」,都是闡明道德主體性思想。而孟子的「盡心」、「存心」之學,則是對道德主體性的進一步發揮。「盡心」是把主體的道德意志加以擴充和發展,並推向客體;「存心」則是通過實踐把道德意志實現出來。因爲心是一切善的根源,是主客體統一的能動方面,因此,只有反回到自身,充分認識到自我,才能體驗到「萬物皆備」的最高境界,也才能「知天」、「事天」。孔、孟所開創的到得主體論,經過《易傳》、《大學》、《中庸》,直到宋明理學,得到了進一步發展。

孔子以後,命不再是天帝的命令或意志,也不只是個人的不可改變的命運,它主要是自然界的必然性,是從天道到人性的聯節。孔子的「知天命」,是他達到「從心所欲,不踰矩」的必經的階段。孟子則把性和命聯繫起來,提出內在性與外在性、目的性與必然性、自主性與侷限性的關係問題。儒家心性之學,只有和命聯繫起來,才被認爲是全面的、系統的——即獲得了整體性——故「心性之學」又稱「性命之學」,與《易傳》的「窮理盡性以至於命」,及《中庸》的「天命之謂性,率性之謂道」,整合出天人合一的整體面。這已成爲儒家心性論的基本模式。既然人和自然界是一個統一的整體,命是從天到人、從人到天的過渡環節,那麼,只有盡心知性而至於命,才能實現人和宇宙本體的統一,才是人性的完整面貌,也才有不朽的價值。

第三節 心性與天道

孟子論天,沿著天人合一的思路,發揮孔子的天論,提出了盡心知性和存心養性事天的思想。孟子已不停留在天人之分上,而是更進一步,提出「性命之分」:

> 孟子曰:「口之於味也,目之於色也,耳之於聲也,鼻之於臭也,四
> 肢之於安佚也,性也,有命焉,君子不謂性也。仁之於父子也,義

之於君臣也，禮之於賓主也，知之於賢者也，聖（人）之於天道也，

命也，有性焉，君子不謂命也。〔註2〕」《盡心下》

孟子認為，「口之甘美味，目之好美色，耳之樂音聲，鼻之喜芬香」，四肢貪圖安逸，這都是人的本性，然而能否實現，往往由命運決定，所以君子不將其看做是性；而「仁者得以恩愛施於父子，義者得以義理施於君臣，好禮者得以禮敬施於賓主，知者得以名知知賢達善，聖人得以天道王於天下」趙岐《孟子章句》卷（十四），雖然能否實現，一定程度上也依賴於施行者的時遇等，由於仁義禮智本身就根植於人性，所以君子不將其看做是命。不難看出，孟子的「性命之分」實際就是來自於竹簡的「天人之分」，是對後者的進一步發展。只不過竹簡由於著眼於天人關係，所以只強調人的職分在於德行，而將窮達禍福歸之於天；孟子則由於提出性，將「人」具體到性，便不得不承認，原來被竹簡歸之於天的感官欲望以及由此而來的對窮達富貴的追求，其實也是性的一個內容，也是人的一種需要。

這樣他便將感官慾望以及仁、義、禮、智這些原來分屬於天和人的內容，重新整合到人性之中，並對二者關係作出說明，這是孟子對心性說的一項重大突破。孟子認為，感官欲望與仁、義、禮、智雖然都屬於性，但二者有根本區別，這種區別就在與天、命的關係上。「孟子曰：「求則得之，舍則失之，是求有益於得也，求在我者也；求之有道，得之有命，是求無益於得也，求在外者也。〔註3〕」《盡心上》仁、義、禮、智內在於性，由於人有意志自由，「求則得之，舍則失之」，能否得到完全在於自己，與命運無關，所以是「在我者也」；而感官欲望以及希望富貴顯達等雖然也出於性，但「求之有道，得之有命」，能否實現取決於命，所以只能看做是「外在者也」。這樣孟子一方面承認口之於味、目之於色等感官欲望也屬於性，另一方面又將其歸之於外在的命，將竹簡中的天人關係具體為性命關係，提出與之有密切聯繫的是「性命之分」。

君子「所性」在於仁、義、禮、智，它不會因個人窮達與否而輕易改變，這是因為「分定故也」。對於「分」就是「天人之分」的「分」，也就是職分的「分」。天人或性命各有其職分，所以是天和命的職分所在；而仁義禮智根植於心，是我的性分所在，確立了這種天人或性命之分，就不當為外在的際

〔註2〕趙岐：《孟子注疏・盡心下》，藝文印書館，頁253。

〔註3〕趙岐：《孟子注疏・盡心上》，藝文印書館，頁229。

遇所左右，而我性分內的仁、義、禮、智，「雖大行不加焉，雖窮居不損焉」。所以，孟子的思想實際上就是沿著天人之分而來。

我們知道，孟子以及儒家常常將人力無法控制、無法預知的事件稱作天，如「君子創業垂統，爲可繼也。若夫成功，則天也」《梁惠王下》。強調人的活動會受到一定限制，人不能超出這種限制之外。同時由於其主張一種天人之分，肯定人有意志自由，強調人的道德實踐不受命運的束縛，從而突出了人的主體地位。這一點，可以說隨著孟子提出性命之分，被大大加強了。

第四節　簡帛《五行》與性善說

《五行》認爲仁、義、禮、智、聖形於內謂之德之行，不形於內謂之行。所謂行於內，就是根植於心性或存於身體中以成己的意思；不形於內乃相對於身心而言，即是說人的生命活動乃純爲人道之外在的平鋪，與個體的、內在的德性生命無直接同一的關係。德之行五和謂之德，此德乃仁義禮智聖五德的和同爲一，且深涵之者。在成德或成己的層次上還應把形於中之德與德之行五和之德分別開來，後者比前者深進一層，而前者不過是後者的先決條件。德之行四和即仁義禮智四者相和於中，謂之善；善意從德之相和而來，不過只是規定人之所以爲人的仁、義、禮、智四者相和而已。善爲人道，德爲天道。其因在於德之行五和中的聖行把人的生命存在與天道或天命溝通起來，因此德之行，五和之德實天人相合之德，也是由德出善、由善入道的根本。必須注意的是，簡書一面說的是純德的生命，另一面說的是由德化善的生命。德與善是儒家或上古史官文化對人的德性生命進行規定的兩個根本東西，孟子的性善論對由仁、義、禮、智四端相和於中謂之善的觀點，著墨最多，使得「性善說」成爲生爲人的特徵。

此外「善，人道也」（第4、5、19、20簡），德之行五和，還不是德的最高境界，只有和而能樂，方才是德之完成，簡書屢言「不樂則無德」（第6、8、9簡）可爲明證，甚至表明只有德之行五和，繼而達到了身心之樂的境界，才是眞正的有德。這樣的一個過程可能更深刻、更內在地說明人性修養的德和之果，只有化爲純粹生命的活動，洋溢於身心，以樂化憂，血換生命的情調和生氣時，才能使德牢固地根植於身，篤厚成己。反觀《五行》的德論，此德上接天命或天道，下聯人道，而中通人性、身心的修養；在和樂之德或人

的德性生命中，已經內在地涵融了仁、義、禮、智、聖等德目，而統攝悅、戚、親、愛、敬、儼、尊、恭等，成爲一圓融的生命之境。

第五節　簡帛之六德說

在郭店儒家簡書的德治觀中有一個頗爲重要的命題，這即是「尊德明倫」。《尊德義》第 1 簡云：「尊德義，明乎民倫，可以爲君。」尊德明倫，方可爲君，這是儒家德治觀的核心要點之一。尊德、明倫二者在理解上應有分別，德性的修養與生命成就，同倫理的自覺規範和實踐，其間的區別是清晰可辨的；但另一方面二者又有密切關係，尊德並非脫離明倫的尊德，而是尊德不離明倫。《成之聞之》認爲天降大常與人間倫理，雖經人性的轉化而有在天在人之區分，但其實是一體兩面。其於第 31 至 33 簡云：「天降大常，以理人倫。制爲君臣之義，著爲父子之親，分爲夫婦之辨。是故小人亂天常以逆大道，君子治人倫以順天德。大禹曰『余才（茲）宅天心』曷？此言也，言余之此而宅於天心也。」天常與人倫實通爲一，所以君子必治人倫以順從天德。在一定意義上說人心相通於人倫，天心又與天德同一，人心歸根人倫，天心以天德運轉；治理人倫以順從天德，則人心必以天心爲依歸；體察天心之所向，則人心之根基才有超越的本原和存在根據。

第 37、38 簡云：「昔者君子有言曰『聖人天德』曷？言慎求之於己，而可以至順天常矣」，則更深入探討天德與天常之關係，所謂聖人達於天德之境，乃聖人向自己反求不已，力求在根性上明澈透達，貫通無碍，至順天常；而推及人生的現實生命或即現實的生命覺悟，用牟宗三之說詞，是人的德性生命與人倫實踐的透脫圓融。

就德與倫的關係來看，倫反映的是人道的人倫本末或關係，《成之聞之》第 39、40 簡云「是故君子慎六位以祀天常」，六位，君臣、父子、夫婦，簡書前面已言之，《六德》篇則論之更爲詳細，並把六位與六德，包括六職對應起來。《六德》第 1 簡云：「何謂六德？聖智也，仁義也，忠信也。」簡書以「六德」是人立身明倫的根本，《六德》第 30 簡云「人有六德，三親不（斷）」，沒有六德的精神充實於其中，則六位的人倫只是虛弱不實的，在六德之中，聖智、仁義、忠信兩兩個相親近，《六德》第 1、2 簡云：「何謂六德？聖智也，仁義也，忠信也。聖與智（戚）矣，仁與義（戚）矣，忠與信（戚）矣。」

這是沿襲了孔子甚至春秋以來的傳統看法，而並非簡書的新創。在郭店簡書的其他篇目亦可得到証明，如在《五行》中聖智、仁義的論述關係比較緊密，《尊德義》第 3、5 簡云：「仁為可親也，義為可尊也，忠為可信也」，第 21 簡云「養心於子俍，忠信目益而不自知也」，第 33 簡云：「不忠則不信」，《性自命出》第 39、40 簡云「忠，信之方也」，《語叢一》第 82 簡「厚於義，博於仁」，第 93 簡云「仁義為之泉」等，皆可為聖智、仁義、忠信兩兩親就的明証。同時需要指出是，聖智、仁義、忠信的相就關係，是與六位、六職的內在相應關系一致的，有夫必然有婦，有父必有子，有君必有臣，這種對待位格關係的天然存在，在特殊的歷史條件下必然導致夫率婦從，君使臣事，父教子學（或孝）的六職關系的產生，從而更進一步決定了六德間親疏關係的配合。而這種六德間的親疏關係為和？首先簡書論述了六德間的親疏關係的具體情況，肯定了聖智、仁義、忠信的分別方法。《六德》第 2 至第 5 簡云：「作禮樂，制刑法，教此民爾使之有向也，非聖智者莫之能也。親父子，和大臣，寢四鄰之抵语，非仁義者莫之能也。聚人民，任土地，足此民爾生死之用，非忠信者莫之能也。」聖智之德皆有作禮樂，制刑法，教此民眾使之有向的作用；仁義之德皆有親父子、和大臣、寢兵息斗的作用；忠信之德則有聚人民、任土地，足此民眾生死之用的功能。聖智之德主教化製作，仁義之德主親和寢息，忠信之得主聚任足用。因此簡書認為聖與智，仁與義，忠與信在關系上分別相近是頗有道理的。當然此道理的獲得亦是從傳統中化來，由其是從人們對聖、智、仁、義、忠、信六德的內在深刻體驗中真切地得來。

尊德明倫的另一種意思特別表現在德治，即儒家傳統的如何統治國家與人民的問題上。德治本已內在地包含尊德明倫的結論，但這裡只想從統治、治理國家與人民的層次上著重進行論述。關於以德治民的作用，簡書有深切的議論。《尊德義》第 28、29 簡云：「為古率民向方者，唯德可。德之流，速乎置邮而傳命。其載也亡厚安（焉），交矣而弗知也亡。德者，且莫大乎禮樂。」率民向道唯德可，這是對於**以德成己成人**的思想做了深切而崇高的表達。之所以唯德能率民向道，乃由於德之流行感染迅速。而簡書以禮樂為德之大者，乃因為禮樂文化在當時實仍具有巨大的教化作用，且於其中包涵了儒家文化的最重要內容，詩、書、易、春秋四者無不受到禮樂文化的薰陶和浸染，而上古的文物制度以及思想文化在《三禮》中都得到非常深刻而系統的陳述。《性

自命出》第 26、27 簡說「司德」對於人性的修養具有非凡之作用:「其居次
也久,其反善復始也慎,其出入也順,司其德也。」「次」亦「居」也。能司
德不失,居次久習,則其反善復始也慎然,出入於心性之理也循順。此外有
德甚至還能使人改變他在別人心目中的印象或地位。第 53 簡云:「賤而民貴
之,有德者也;貧而民聚焉,有道者也。」以道德立身成己,雖貧賤不堪,
但民眾却尊貴之、聚附焉。《緇衣》第 12 簡引《詩》云:「有梏德行,四方順
之。」《禮記·緇衣》引《詩》云:「有梏德行,四國順之。」梏《詩·大雅·
抑》云:「有覺德行,四國順之。」此句詩認為君王若能直大其德行,則四國
順從之。以德治民治國,則四國順從而民眾樂推而不厭;不以德治民,則對
君王的統治會構成威脅,這種威脅被認為是對君王所含積之德的破壞。《成之
聞之》第 6 簡云:「昔者君子有言曰:戰與刑人,君子之墜德也。」似乎含德
或積德,是君子統治穩定與否,甚至是其統治合理性存在的根本。到此我們
完全可以肯定,郭店儒家簡書德治的思想,在根本上承襲殷周敬德承命的思
想,而其在思想上的嶄新創發之處則是尊德與明倫的統一,這是孔門儒學的
一大特徵。

在倫理實踐中以成德,這是儒家修身論的另一個要求。而正因為如此,
在德中即涵諸倫理,仁、義、禮、智、信、恭、敬、儉、讓這些倫理德目統
貫於人心人性,實踐生活之中,深植生命之根基。在儒家倫理中包含三個基
本要素,一是本位,二是職能,三是德性,使倫理的內涵變得豐富又有深度。
郭店簡書《六德》篇對倫理中的位、職、德三要素論述的非常清楚明白,下
面將著重由此篇分析簡書的倫理統系與倫理內涵。

1. 何謂六位?《六德》篇第 8 簡上半截殘斷,但尚存「六位也」等字樣。
依照第 33 簡下半截文字,及其他竹簡所云:竹簡殘斷部分文句當與夫婦、父
子、君臣六者相關。六位即指出夫婦、父子、君臣六者,此六者為人倫本位
之大端,人所處的倫理角色主要由他們決定的。在這六者之中,依夫婦、父
子、君臣的相對關係可以分為三組,一般之人都必在此三組關係中承擔三種
根本角色,由此必有六職的分屬和六德的系附。

2. 何謂六職?六職只由六位分屬出的六種職責或職能,有其位則必有其
職,否則職不稱位或尸位素餐,都是對六位本性的喪失。六職,《六德》第 8
至 10 簡云:「有率人者,有從人者;有使人者,有事人〔者〕;〔有〕□者,
有□者,此六職也。」但因簡殘,各家說解不一,難以斷定下文。夫率婦從,

君使臣事，父教子學（或孝），這就是在六位基礎上生發出來的六職。在職與位的關係中，二者必須相稱相合，否則越職則可能導致僭位，以至敗壞人倫之大常的危險；但又必須在職份中體現其本位的歸屬、聯系，而以位主職之。此點正是由位到職，由職到德得人倫大綱所定理的。「既有夫六位也，以任此〔六職〕也，六職既分，以卒六德」（第 9、10 簡）位者立人之道，《易·繫》論之者多矣。

人自出生以來必存在於此六位之中，或為夫為婦，或為君或為臣，或為父或為子，位之大經乃是三維六面的立體架構；既有六位，則率任由位而生的六職；六職既分，則必踐履由職而生的六德；六德是對六職，且通過六職對六位進行更深入的道德系附的根本倫理。由人的社會性或倫常性存在到六位，由六位到六職，由六職到六德，人的存在被鑿衍出一條合乎倫常性或社會性規範的路子，不過這條路子最終在六德處落腳，又似乎暗示著通往道德的形上之境的那種可能性。何謂六德？簡書第 1 簡云：「何謂六德？聖、智也，仁、義也，忠、信也。」六德即聖、智、仁、義、忠、信六者。在這六者之中，各自所對應的六職、六位不同，且彼此間的關係亦非平列的〔註4〕。如此綿密細緻的分析，系統而不雜亂，只是言說於動盪之時，一是難得，一是難行也。

由簡帛《尊德義》中的「尊德明倫」開展出內在德性的提升與人倫的建立，而《成之聞之》的「六位」說、《六德》提出的「六職」論，在丁四新先生有條不紊的陳述下，可以清晰的看出其脈絡，可說是三綱五常之先聲、八德目之雛形，至此明白了《韓非子·忠孝》：「臣事君，子事父，妻事夫。」的來源；仁、義、禮、智、信「五常」，其淵源就是「五行」。

〔註4〕 文參丁四新：《郭店楚墓竹簡思想研究》，東方出版社，頁 335～345。

第九章　簡帛中儒家與各家思想之融合

第一節　緒　論

　　先秦時期的學術思想，從其發展的過程來看，大致可以分為三個階段：

　　第一階段是春秋末期到戰國之際。這個時期是古代學術思想由合到分的時間，依《漢書・藝文志》所言之「學在王官」的統一局面被打破，是諸子百家的初創階段，主要是儒、道、墨三大學派的創立，由此奠定了學術思想發展的基本格局。

　　第二個階段是戰國初期到戰國中期。這個時期是儒、道、墨三大學派分化發展的時期，「儒分為八」、「墨離為三」。三大學派分化的結果，形成了隸屬於三大學派的不同流派、分支，他們「蜂出並作，各引一端，崇其所善」，並由此衍生出名家、法家、農家等學派。這時的諸子學說才初步成其為「百家」，把春秋戰國之際儒、道、墨三大學派的分歧爭論引向了縱深化、擴大化和激烈化。以上兩個階段是先秦時期道術為天下裂，王官之學散為百家之學的必然結果，造成了古代學術思想由合到分的歷史。然後，正如社會歷史的發展要經過「合久必分，分久必合」的具體途徑一樣，學術思想的發展也要通過這種分與合的矛盾過程才能實現。當古代的學術思想經過了充分的分化，走完了由合到分的階段之後，其發展的內在邏輯就要求結束「分」的狀態，在更高的基礎上開始新的「合」，即通過學術思想發展的否定之否定來達到更高的階段。於是，由這種內在的邏輯所決定，先秦學術思想的發展進入了第三個階段——戰國中期到戰國末期。

這一時期的諸子百家之學，在經過了充分的爭鳴之後，各派學說的優點已表現得很充分，逐漸成為大家的共識，缺點也已充分暴露，為大家所規避。通過充分的交流與爭鳴辯駁，彼此間都看清了各自的長處和短處，並開始吸取他人之長，補己之短，不斷地豐富、完善和發展自己的學說理論。這樣，戰國中期以後的學術思想就開始逐漸趨向一致，開始出現了各家各派之間的融合與統一。而戰國楚簡正是處於第二階段與第三階段的產物，就儒家而言，有孔子思維自身變化的地方，也有與他家學說相互融合之處，這些簡帛正是最好的見證。

第二節　由簡帛看孔子思想之變化

在簡帛中，記載了兩次子貢質疑孔子的作為，一次在上博簡〈魯邦大旱〉文中子貢質疑孔子建議哀公祭祀山川時所說的話：

> 夫山，石以為膚，木以為民，如天不雨，石將焦，木將死，其欲雨
> 或甚於我，何必待乎命乎？夫川，水以為膚，魚以為民，如天不雨，
> 水將涸，魚將死，其欲雨或甚於我，何必恃乎命乎？

這段大意是：對於山神來說，石頭是它的皮膚，樹木是它的百姓，上天如果久旱不雨，石頭將會曬焦，樹木將會曬死，山神盼望下雨，或許比人有過之而無不及，其自顧不暇，又怎能靠祭祀山神來攘除旱災呢？

對於水神河伯來說，流水是它的皮膚，魚鱉是它的百姓，上天如果久旱不雨，流水將會乾涸，魚鱉將會曬死，水神河伯盼望下雨，或許比人更急切，又怎能靠祭祀河伯來攘除旱災呢？

子貢認為救災止旱只能「正刑與德」，而不能「毋愛珪璧幣帛於山川」，擔心孔子的既「正刑與德以事上天」，又「毋愛珪璧帛於山川」，實質是「重命」、「待乎命」，傾向於舍人而「事鬼」，所以力辯其「不可」。

而孔子是如何回應呢？

> 孔子曰：「於呼□□□□公豈不飯粱食肉哉也，抑無如庶民何？」

〈魯邦大旱〉寫孔子與子貢為大旱是否祭祀求雨而辯難，子貢深受孔子不語怪力亂神之教誨，當孔子竟不反對祀神求雨時，子貢非常不能接受，這段敘述與《論語·八佾》所云：子貢欲去告朔之餼羊，子曰：賜也，爾愛其羊，我愛其禮。頗為雷同，面對孔夫子彈性看待鬼神，子貢認為所說與之前說法不一時，反應是很激烈的，質疑之聲也是很尖銳的。

另一次在馬王堆帛書《要》云：

> 贛曰：「夫子它日教此弟子曰：『德行亡者，神靈之趨；知謀遠者，卜筮之繁。賜以此爲然矣。』以此言取之，賜緟行之爲也。夫子何以老而好之乎？」〔註1〕

子貢的一句：夫子何以老而好之乎？道出了孔子思想變化的開始，孔子晚年喜讀《易》，其原因是：

> 《易》剛者使知瞿（懼），柔者使知剛，愚人爲而不忘（妄），傲（漸）人爲而去詐。文王仁，不得其志以成其慮，紂乃無道。文王作，而辟（避）咎，然後《易》始興也。

孔子喜讀《易》到韋編三絕的地步，受到《易》的影響是理所當然，從不談「性與天道」的孔子也有了相關的論述，廖名春首先提出孔子晚年喜易且受到易學的影響，造成思想上的變化〔註2〕，因此擴大也融入新思維，有了新見解，也與早年思路不同了。

第三節　儒家受到道家思想影響

（一）本末觀

　　上博簡〈民之父母〉中所呈現出的「本末觀」，其「本」、「末」之內涵雖與道家論述有異，但以「本末觀」說解儒家思想，無論形式及論述方式上都應受到「道家」影響。

（二）「五至三無」說

　　上博簡〈民之父母〉的「五至三無」之說，對於思想史造成了很大的衝擊。此篇，又見今本《禮記·孔子閒居》與《孔子家語·論禮》。過去對於傳世文獻中的這段內容學者多認爲不可信，認爲「五至三無」之說，特別是「三無」——「無聲之樂，無體之禮，無服之喪」，明顯屬於道家思想，絕非儒家學說。龐樸指出：

> 該篇竹簡的問世，打破了這個成見，他進一步推測，該篇的「志

〔註1〕此處依據廖明春釋讀，廖名春：《帛書易傳初探》，文史哲出版，頁123。
〔註2〕廖名春：《中國學術史新證》，四川大學出版，頁21～25。

氣」之說是《孟子》浩然之氣的先聲，與孟子思想有關〔註3〕。徐少華亦認為此篇的思想內涵有別於《論語》而近乎《孟子》〔註4〕。

林啟屏則認為，「三無」之說雖有「氣志」的內在化討論，卻未必是以思孟「道德主體」的內在化方向立說。荀子的學說中，其實也不乏對「氣志」的討論。對於「三無」的思想，採取孟、荀對立的方式研究，並不是一個很好的辦法〔註5〕。

孟子養氣說、荀子氣論說中，說明了儒家、道家合流的足跡。

（三）帛書《繫辭》有儒家與道家思想融匯記載

廖名春從帛書《繫辭》諸篇的內容及其編成方式來看，指出：

從帛書《易傳》諸篇的內容及其編成方式來看，充分証明是儒家學派的傳本。《二三子問》記載的是孔子與「二三子」之間對於《周易》卦爻辭意義的討論。有一半篇幅是討論乾坤兩卦卦爻辭之義，這種重視乾坤兩卦的思想同今本《易傳》的《繫辭》、《文言》是一致的。《二三子問》解《易》有一鮮明特色，就是只談德義，不言占筮。這一特點，與《論語‧子路》所載孔子「不占而已」說是完全一致的。《二三子問》所記載的孔子易說充滿了敬天保民、舉賢任能、進德修身的思想〔註6〕，與孔子的思想是一致的。

而《易之義》稱「湯武之德」，追述了文王和《周易》的關係。從乾「六剛能方」中引申出湯武革命之義，認為《周易》中蘊藏著周文王的政治智慧和憂患意識，這正是儒家的語言。且許多思想關典兩後來的儒家之說相合，如其解乾卦九二爻辭說「見用則動，不見用則靜」；帛書《易傳》的《要》篇的第二段記載孔子晚年好《易》並與子貢論《易》之事；《繆和》，其中提到了孔子和子貢、湯、比干、段干木〔註7〕。

因此從帛書諸篇總體的思想傾向和編成方式來看，廖明春先生認為帛書《繫辭》不可能不是儒家之說。

〔註3〕 龐樸：《喜讀「五至三無」——初讀〈上博簡〉（二）》，《上博館藏戰國楚竹書研究續編》，第220～223，頁，《話說「五至三無」》，《文史哲》2004年第1期。
〔註4〕 徐少華：《楚竹書〈民之父母〉思想源流探論》，《中國哲學史》，2005年第4期。
〔註5〕 林啟屏：《論〈民之父母〉中的「三無」》，哈佛燕京學社等主辦：《新出楚簡國際學術研討會會議論文集（上博簡卷）》，第225～232頁。
〔註6〕 廖名春：《帛書易傳初探》，文史哲出版社1998，頁51～53。
〔註7〕 廖名春：《帛書易傳初探》，文史哲出版社1998，頁53～56。

而陳鼓應先生堅持帛書《繫辭》是屬於道家之作品，其言曰：

> 勞思光先生在其《中國哲學史》中也說過：「《繫辭》之理論是形上
> 學觀念與宇宙論觀念之混合。」就《繫辭》的內部結構來看，它的
> 主要內容當是道論和太極說。其道論無論是陰陽觀或道器說都淵源
> 於老子。「太極」觀念始於《莊子》，而帛書《繫辭》中「太極」作
> 「大恒」，更能顯示出它與老子「道」觀念的聯繫〔註8〕。

對於廖名春先生所言，陳先生提出回應：

> 一直強調帛書《繫辭》有一祖本，而且這一祖本與今通行本類似。
> 這種說法的合理性有多大，很值得懷疑。誠如他文中所引李零先生
> 語，古書的形成都有一個過程。不僅「十翼」作爲一個整體是如此，
> 《繫辭》其實也是如此。從帛書「易傳」來看，所謂「繫辭」部分
> 包括了今本《繫辭》的大部分內容，而通行本《繫辭》餘下的部分
> 則散見於《易之義》和《要》等篇中，只有「大衍之數」章未見。
> 這種情況，使得許多學者認爲，今本《繫辭》是在帛書《繫辭》的
> 基礎上，又融合了《易之義》及《要》等的部分文字而編輯成的。
> 而且，其編輯定型可能就在漢武帝時代。因此，如果說帛書《繫辭》
> 有一祖本的話，那這一祖本可能比帛書《繫辭》更簡單，換句話說，
> 與通行本的差異會更大。
>
> 關於《繫辭》中「子曰」二字的含義，前人的說法有兩種，一種以
> 爲是孔子說，一種以爲是經師之言。廖名春先生認爲，《繫辭》中
> 的「子曰」都是指孔子語。並引《論語》、《荀子》和《禮記》中的
> 「子曰」爲證。但是，同樣有證據表明文獻中的「子曰」有指經師
> 之言者，如在馬王堆漢墓帛書「易說」最後兩篇《昭力》和《繆和》
> 中，就有近三十次「子曰」，都是指經師之言。因此，不能認爲《繫
> 辭》中的「子曰」，就是孔子語，也就不能以此爲證說《繫辭》只
> 能是儒家之說〔註9〕。

陳先生回應了廖名春先生說辭薄弱的部分，至於帛書《繫辭》中談論敬天保
民、舉賢任能、進德修身的思想，陳先生並沒有正面回應。只是提出了：

> 《繫辭》在太極和陰陽的框架之內，容納了很多的人道思想，如儒

〔註8〕陳鼓應：《易傳與道家思想》，台灣商務印書館1999年，頁302。
〔註9〕陳鼓應：《易傳與道家思想》，台灣商務印書館1999年，頁303～304。

家的仁義等。但同時，它也容納了老子的謙下、墨子的尚賢、法家的刑名以及黃老的一些主張〔註10〕。

陳鼓應強調帛書《繫辭》是以道家為主體，只是全書沒有一處談論到「無」這個屬於道家主體思想，也讓主張屬於道家思想的人大為不解。此外，陳先生在序言上也說：

> 《繫辭》其主要部分無疑是形上學與宇宙論，從概念上來說，就是太極、道、陰陽、精氣這些內容，它們與道家有密切的關係〔註11〕。

也同意唐蘭先生的看法：

> 認為帛書《黃帝四經》應是戰國早中期的作品。這部新發現的珍貴文獻與《易傳》也有密切的關係。具體地說，《黃帝四經》中推天道而明人事的思維方式、陰陽剛柔說、尚功及貴賤有位的思想，與《繫辭》是有一脈相承關係的。更值得注意的是，《繫辭》有多處特殊用語與《黃帝四經》非常接近，一處是「彌綸天地之道」，《黃帝四經》作「麤論天地之紀」；一處是「曲成萬物而不遺」，《黃帝四經》作「物曲成焉」。此外，《黃帝四經》：「天地位，聖人故載」，《繫辭》引作：「天地設位，聖人成能」。

但也同意通行本《繫辭》融合陰陽、儒、墨、法諸家，只是以道家為主，而廖名春先生特別陳述屬於儒家思想的那一方的資料，雖然兩位先生各自舉證，對峙的立場十分鮮明，但也由此可證，時至戰國中後期，儒、道二家思想相互吸收、相互融合的情形是愈來愈多。此外，儒家也有受到其他家思想影響，例如：

〈魯邦大旱〉中「刑德對舉」之文句，在詞語的使用上也是受到「陰陽數術家」之影響；〈天子建州〉中所反映出的「陰陽刑德觀」及「兵陰陽家」觀念，為上博楚簡文獻受其他家思想的影響。由下表可以看出，戰國之時諸子百家思想大興，甚至造成「稷下之學」的風潮，只是風行的不是儒家孔門之學。由此可見，儒家受到各家思想影響，相互融合也是當時的學術氛圍吧！

〔註10〕陳鼓應：《易傳與道家思想》，台灣商務印書館 1999 年，頁 302。
〔註11〕陳鼓應：《易傳與道家思想》，台灣商務印書館 1999 年，頁 IV 及 Vi。

人　物	年　代	人　物	年　代
孔子	公元前 551～479 年	墨子	公元前 444～393 年
子夏	公元前 507～420 年	鄒忌	公元前 385～319 年
子游	公元前 506～445 年	孟子	公元前 390～305 年
曾子	公元前 505～436 年	莊周	公元前 365～290 年
子思	公元前 483～402 年	荀子	公元前 340～245 年
列禦寇	公元前 450～375 年	鄒衍	公元前 305～240 年

引用錢穆先生《先秦諸子繫年》〔註 12〕

〔註12〕錢穆：《先秦諸子繫年》，北京，商務印書館，頁 692～697。

第十章 結 論

　　以上十章對簡帛的探討，讓人有一種深深地感慨，春秋至戰國這一段時期，從簡帛中不難發現，由君臣之間的相處之道，及由天道到心性之說，孔夫子的弟子們是很賣力演出的，但是真正影響戰國及兩漢思想的卻是陰陽五行相雜的儒學，回過頭來看，兩漢所謂的儒家與東周以來的儒學來比對，所言完全不相同，陰陽五行談的也是從天道到人道，但是內容大不相同。

　　不過司馬遷也還給他們一個公道，司馬遷在《孟荀列傳》裡陳述鄒衍就用了四百多字，但是對孟、荀二位，每人只用了一百五十字，兩人加起來還比不上鄒衍多，但是卻以孟荀為名列傳，不以鄒衍之名列傳，一方面說明了司馬遷獨到的眼光，另一方面也說明了孟荀思想不合於世的實情。當我們看到這些簡帛的內容時，天人之間的種種看法探討，原本就是戰國時代學說的重點，也才會讓司馬遷大聲說出：「究天人之際，通古今之變」。

　　看到簡帛中的「五行」，才知孔門弟子也曾這麼努力地由《尚書》五行、五事中開創新「五行」說；此外「六德」綿密的論述，可知儒家對「六職」、「六位」、「六德」之間的關聯是多麼緊密，如此緊密的分析，就是要說明德治的重要；尤其是對天人之間的探討，才是關鍵所在，亂世當前，性命朝不夕保，日復一日，要如何自處呢？由天道到天命，都是精彩的論述，即使是時至今日，也都是任何一位知識份子受用無窮，「存其心」、「養其性」以事天，窮達有時，認真做人，這也是儒家思想迷人的地方吧！

參考文獻

（一）書籍部分

1. 司馬遷：《史記》，台北：鼎文書局出版，1979 年。

2. 班固：《漢書》，台北：鼎文書局出版，1979 年。

3. 范燁：《後漢書》，台北：鼎文書局出版，1979 年。

4. 《隨書》，台北：鼎文書局出版，1979 年。

5. 《唐書》，台北：鼎文書局出版，1979 年。

6. 《新唐書》，台北：鼎文書局出版，1979 年。

7. 《宋史》，台北：鼎文書局出版，1979 年。

8. 《明史》，台北：鼎文書局出版，1979 年。

9. 《清史稿》，台北：鼎文書局出版，1981 年。

10. 清・王闓運：《尚書大傳補注》，叢書集成初編，北京，中華書局，1991 年。

11. 古文獻研究室：《馬王堆漢墓帛書（一）》，北京，文物出版社，1980 年。

12. 中國哲學：《郭店楚簡研究》，中國：遼寧教育出版社，2000 年。

13. 中國哲學：《經學今詮初編》，中國：遼寧教育出版社，2000 年。

14. 丁四新：《郭店楚墓竹簡思想研究》，東方出版社，2000 年。

15. 編委會：《經學今詮續編》，中國：遼寧教育出版，2001 年 10 月。

16. 編委會：《郭店楚簡國際學術研討會論文集》，中國：武漢大學出版，2000 年 5 月。

17. 武漢大學簡帛研究中心：《簡帛第一輯》，中國：上海古籍出版社，2006 年。

18. 武漢大學簡帛研究中心：《簡帛第二輯》，中國：上海古籍出版社，2007 年。

19. 武漢大學簡帛研究中心：《帛書第五集》，中國：上海古籍出版社，2010年。

20.《郭店楚墓竹簡》，荊門市博物館，文物出版社，1998年。

21. 河北省物研究所定州漢墓竹簡整理小組，《定州漢墓竹簡》，北京文物出版社。

22.（清）王闓運：《尚書大傳補注》，《叢書集成初編》，北京，中華書局，1991年。

23. 阮元：《十三經注疏本》，台北：藝文印書館，1976年。

24. 阮元：《揅經室集》，台北：新文豐出版，1970年。

25. 王先謙：《荀子集解》，台北：藝文印書館，1970年。

26. 王冰編注：《皇帝內經》，台北：學苑出版社，2004年。

27. 王永祥：《董仲舒評傳》，中國：南京大學出版社，1995年9月。

28. 王國維：《觀堂集林》，台北：河洛圖書出版，1975年。

29. 王國維：〈同鄉徐氏印譜序〉《觀堂集林》，台北：河洛圖書出版，1975年。

30. 王靜芝：《經學通論》，台北：環球書局出版，1992年。

31. 王貴元：《馬王堆帛書漢字構形系統研究》，中國：廣西教育出版社，1999年。

32. 王葆玹：《今古文經學新論》，中國：中國社科，1997年。

33. 李漢三：《先秦兩漢之陰陽五行學說》，台灣：維新書局，1981年4月。

34. 李澤厚：《中國古代思想史論》，台灣：三民書局出版，1996年9月。

35. 李威熊：《中國經學發展史論》，台北：文史哲出版，1988年

36. 李耀先主編：《廖平學術論著選集》，中國：巴蜀書社，1989年。

37. 李新霖：《春秋公羊傳要義》，台北：文津出版社，1989年。

38. 李約瑟：《中國古代科學思想史》，中國：江西人民出版社，1990年6月。

39. 李學勤：〈對古書的反思〉，《當代學者自選文庫・李學勤卷》，中國：安徽教育出版社，1998年。

40. 李約瑟：《中國古代科學思想史》，中國：江西人民出版社，2000年。

41. 李學勤：〈郭店簡與儒家經籍〉，《中國哲學・第二十輯》，中國：遼寧教育出版社，2000年。

42. 李學勤：〈楚文字研究的歷史和意義〉，《簡帛第五輯》，中國：上海古籍出版社，2010年10月。

43. 李學勤：《帛書〈五行〉與〈尚書・洪範〉》，載《簡帛籍與學術史》，1988年。

44. 李零：《郭店楚簡校讀記》，中國：北京大學出版社，2002 年。

45. 李零：《簡帛古書與學術源流》，中國：三聯書店，2004 年。

46. 李零：〈出土發現與古書年代的再認識〉，《李零自選集》，中國：廣西師範大學出版社，1998 年。

47. 李零：《去聖乃得眞孔子——〈論語〉縱橫讀》，中國：三聯書店，2008 年。

48. 李澤厚：《中國古代思想史論》，三民書局。

49. 李宗桂：〈《淮南子》與《春秋繁露》的同異浮沉〉，《鵝胡月刊》，（台灣，1990 年 4 月）頁 39～43。

50. 李孝定：《甲骨文字集釋》，中央研究院歷史語言研究卷所。

51. 李學勤：《荊門郭店楚簡中的〈子思子〉，《文物天地》》，中國：1998 年第 2 期。

52. 李學勤：〈孔孟之間與老莊之間〉，《新出土文獻與先秦思想重構》，國際學術研討會，台北：台大學系主辦，2005 年。

53. 李守奎、曲冰、孫偉龍：《上海博物館藏戰國楚竹書（一）～（五）文字編》，中國：作家出版社，2007 年 12 月。

54. 李耀先：《廖平學術論著選集‧今古學考》，巴蜀書社，1989 年 5 月。

55. 金春峰：《漢代思想史》，中國：中國社科，1986 年。

56. 金春峰：《周官之成書及其反映的文化與時代新考》，台北：東大圖書，1993 年。

57. 朱永嘉、蕭木注譯：《新譯呂氏春秋》，台北：三民書局二版，2000 年。

58. 朱維錚：《周予同經學史論著選集》，中國：上海人民，1996 年。

59. 周桂鈿：《董仲舒》，中國：吉林文史哲出版，1997 年 2 月。

60. 周桂鈿：《董學探微》，中國：北京師範大學出版社，1989 年 1 月。

61. 劉起釪：《古史續辨》，中國：中國社會科學出版社，1991 年 8 月。

62. 劉德漢：《從漢書五行志看春秋對西漢政教的影響》，台灣：華正書局出版，1979 年 7 月。

63. 劉康德：《淮南子直解》，中國：復旦大學出版，2001 年 9 月。

64. 劉柯、李克和：《管子譯註》，中國：黑龍江人民出版社出版，2003 年 1 月。

65. 劉祖信、龍永芳：《郭店楚簡綜覽》，台北：萬卷樓圖書公司，2005 年 3 月。

66. 劉麗挪：《顧頡剛學術思想評傳》中國：北京圖書館出版。

67. 錢穆：《經學大要》，台灣：蘭台出版社，1990 年 12 月。

68. 錢穆：《先秦諸子繫年》，中國：商務印書館，2001 年 8 月。

69. 錢穆：《中國思想史》，台灣：蘭台出版社，2001 年 2 月。

70. 錢穆：《國史大綱》，台北：商務印書館 1983 年。

71. 錢穆：《秦漢史》，台北：東大圖書公司，1987 年。

72. 錢穆：《兩漢經學今古文平議》，台北：東大圖書公司，1989 年。

73. 錢穆：《國學概論》，台北：商務印書館，1998 年。

74. 錢穆：《孔子傳》，台北：蘭臺出版社 2000 年。

75. 陳松長：《馬王堆帛書刑德研究論稿》，台灣：萬卷樓出版，2001 年 4 月。

76. 陳麗桂校注：《新編淮南子》，台北：國立編譯館出版，2002 年。

77. 陳鼓應：《黃帝四經今註今譯》，台北：商務印書館，1995 年。

78. 陳鼓應：《道家文化研究》，十二輯，北京三聯書店，1998 年。

79. 陳鼓應：《道家文化研究》，第三輯，上海古籍，1993 年。

80. 陳鼓應：《易傳與道家思想》，台灣商務印書館，1999，年。

81. 陳登源：《國史舊聞》（上），台灣：明文書局出版，1984 年 3 月。

82. 陳立：《白虎通疏證》，中國：北京中華書局，1997 年。

83. 陳麗桂校注：《新編淮南子》，國立編譯館。

84. 徐復觀：《中國經學史的基礎》，台北：學生書局 1996 年。

85. 徐復觀：《兩漢思想史》，台北：學生書局，1993 年。

86. 徐復觀：《中國人性論史》，台北：商務印書館，1999 年。

87. 蔡靖泉：《楚文化流變史》，中國：湖北人民出版社，2001 年 10 月。

88. 龐樸：《竹帛五行篇校注及研究》，台灣：萬卷樓出版，2000 年 6 月。

89. 龐樸：《稂莠集》，中國：上海人民出版社，1988 年 3 月。

90. 龐樸：《七十年代出土文物的思想史和科學史意義》，載《文物》1981 年 5 月。

91. 龐樸：《竹帛〈五行篇〉校注研究》，萬卷樓，2000 年。

92. 龐樸：《孔孟之間——郭店楚簡中的儒家心性說》，載《中國哲學》，第 20 輯。

93. 龐天佑：《秦漢歷史哲學思想研究》，中國：中國社會科學出版社，2002 年 3 月。

94. 顧頡剛：《中國上古史研究講義》，台北：文史哲出版，1989 年 10 月。

95. 顧頡剛：《古史辨》，台北：明倫出版社，1970 年。

96. 顧頡剛：《漢代學術史略》，台北：啓業書局，1972 年。

97. 顧頡剛：《中國上古史研究講義》，台北：文史哲，1989 年。

98. 皮錫瑞：《經學歷史》，台北：河洛圖書出版，1983 年。

99. 皮錫瑞：《經學通論》，台北：藝文印書館，1987 年。

100. 皮錫瑞：《經學歷史》，台北：河洛圖書出版，1974 年

101. 馬勇：《漢代春秋學研究》，中國：四川人民出版，1992 年。

102. 馬王堆漢墓帛書整理小組編：《經法》，中國：文物出版社，1976 年。

103. 馬承源、朱淵清：《上海博物館藏戰國楚竹書研究（一）～（七）》，中國：上海書店出版，2002 年～2009 年。

104. 朱熹：《論語集注》，見《四書集注》。

105. 朱永嘉、蕭木注譯：《新譯呂氏春秋》，三民書局。

106. 屈萬里：《書傭論學集》，台北：開明書店。

107. 屈萬里：《書傭論學集——仁之涵義之史的觀察》，開明書店。

108. 金德建：《金德建古文字學論文集》，台北：貫雅文化，1991 年。

109. 金春峰：《周官之成書及其反映的文化與時代新考》，東大圖書出版，1993 年。

110. 何琳儀：《戰國文字通論》，中國：江蘇教育出版社，2003 年。

111. 黃彰健：《經今古文問題新論》，中研院史語所集刊，三民書局，1992 年。

112. 林慶彰：《中國經學史論文選集》，台北：文史哲，1992 年。

113. 蔣慶：《公羊學引論》，中國：遼寧教育出版社，1994 年。

114. 申鑑、荀悅：《四庫全書存目叢書》，台北：莊嚴文化事業出版，1995 年。

115. 章權才：《漢代經學史》，台北：萬卷樓，1995 年。

116. 葉國良、夏長樸、李隆獻：《經學通論》，台北：國立空中大學出版 1996 年。

117. 賴炎元：《春秋繁露今註今譯》，台北：商務印書館，1996 年。

118. 林慶彰：《中國經學史論文集》，台北：文史哲出版，1992 年 10 月。

119. 吳怡：《中國哲學發展史》，3 版，台灣：三民書局出版，1988 年 12 月。

120. 汪學群：《錢穆學術思想評傳》，中國：北京圖書館出版，1998 年。

121. 郭沂：《郭店竹簡與先秦學術思想》，中國：上海教育出版，2001 年。

122. 許慎著、陳壽祺疏證、皇清經解：《五經異義疏證》，台北：藝文印書館。

123. 宋翔鳳、續皇清經解：《過庭錄》，台北：藝文印書館。

124. 商承祚：《戰國楚竹簡匯編》，中國：齊魯書社，1995 年。

125. 馮勝君：《郭店簡與上博簡對比研究》，台北：線裝書局，2008 年 7 月。

126. 胡平生，馬月華：《簡牘檢署攷校注》，中國：上海古籍出版社，2004 年。

127. 張顯成：《簡帛文獻學通論》，中國：中華書局，2004 年。

128. 許慎：《說文解字‧敘》，中國：中華書局，1963 年。

129. 荊門市博物館：《郭店楚墓竹簡》，中國：文物出版社，1998 年。

130. 《郭店楚墓竹簡》，中國：文物出版社，1998 年。

131. 黃文杰：《秦至漢初簡帛文字研究》，中國：北京商務印書館，2008 年。

132. 楊伯俊：《孟子詮注》，中國：中華書局，1960 年。

133. 梁濤：《郭店楚簡與思孟學派》，中國：中國人民大學出版社，2008 年。

134. 周予同：《經學史論著選集（增訂本）》，中國：上海書局出版社，1983 年。

135. 黃文杰：《秦至漢初簡帛文字研究》，中國：北京商務印書館，2008 年。

136. 蔣伯潛、蔣祖怡：《經與經學》，中國：上海書店出版社，1997 年。

137. 陸德明：〈經典釋文〉，《百部叢書集成》，藝文印書館，1966 年。

138. 龔自珍：《龔定庵全集‧六經正名》，台灣：河洛圖書出版，1975 年

139. 廖名春：《中國學術史新証》，中國：四川大學出版社，2005 年。

140. 廖名春：《帛書易傳初探》，文史哲出版社，1998 年。

141. 荀悅：《申鑑卷 2‧時事篇》，四庫全書子部儒家。

142. 焦循：《孟子正義》卷 13，見《諸子集成》，第 1 冊。

143. 董作賓：《董作賓先生全集》乙編第四冊，台北：藝文印書館，1963 年。

144. 裘錫圭：〈談談上博簡和郭店簡中的錯別字〉，《華學》，中國：紫禁城出版社，2003 年。

145. 梁靜：〈簡帛文獻與早期儒家研究〉，《帛書‧第五輯》，中國：上海古籍出版社。

146. 章太炎：《簡論九卷》，廣文書局，1970 年。

147. 鄺芷人：《陰陽五行及其體系》，台灣：文津出版社，1998 年 2 月 2 版。

148. 方立天：《中國古代哲學問題發展史》，台灣：文史哲出版，1995 年 4 月。

149. 夏長樸：《兩漢儒學研究》，台北：國立台灣大學文學院，1978 年。

150. 本田成之：《中國經學史》，台北：廣文書局，1990 年。

151. 皮錫瑞：《經學歷史‧經學開闢時代》，台灣：河洛圖書出版，1974 年 9 月。

152. 白奚：《稷下學研究》，中國：北京三聯書店，1998 年 9 月。

153. 孫廣德：《先秦兩漢陰陽五行說的政治思想》，台灣：商務印書館，1994 年 1 月。

154. 黃樸民：《董仲舒與新儒學》，台灣：文津出版，1992 年 7 月。

155. 楊向奎：《繹史齋學術文集》，中國：上海人民出版社，1983 年 5 月，頁 98～112。

156. 趙光賢：《古史考辨》，中國：北京師範大學出版，P.31～39，1987 年 8 月。

157. 賴炎元：《春秋繁露今註今譯》，台灣：商務印書館，1996 年 12 月。

158. 高明：《高明論著選集》，科學出版社，2001 年。

159. 梁啓超：《陰陽五行說之來歷》，古史辨第五冊，明倫出版社，1970 年。

160. 梁濤：《郭店竹簡與思孟學派》，中國人民大學出版，2008 年 5 月。

161. 席澤宗：《中國科學技術史》，科學出版社，2001 年。

162. 孫廣德：《陰陽五行說的政治思想》，台灣商務印書館，1994 年。

163. 蔡靖泉：《楚文化流變史》，湖北人民出版社，2001 年 10 月。

164. 韓嬰：《韓詩外傳》，藝文印書館，1966 年。

（二）期刊、論文

1. 黃武智：《上博簡禮記類文獻研究》，（中山大學中研所博士論文），2009 年。

2. 陳瑞庚：《王制著成之時代及其制度與周禮之異同》，（臺大中研所碩士論文），1972 年。

3. 邱秀春：《《白虎通義》與東漢經學的發展》，（輔大中研所博士論文），2000 年。

4. 何照清：《兩漢公羊學及其對當時政治之影響》，（輔大中研所碩士論文），1985 年。

5. 蘇文擢：〈春秋公羊學示例〉，《邃加室講論集》：文史哲，1983 年。

6. 呂紹鋼：〈董仲舒與春秋公羊學〉，《天津社會科學》，（中國，1986 年第 1 期）。

7. 崔新民：〈兩漢今古文經學之爭及其影響〉，《鄭州大學學報》，（中國，1986 年第 2 期）。

8. 李坤、王玉芳：〈略論兩漢經今古文之爭〉，《齊齊哈爾師範學報》，（中國，1993 年第 5 期）。

9. 陳亞如：《漢書·五行志的五行思想》，《中國歷史文獻研究集刊》，（中國，1996 年第一期）。

10. 陳桐生：〈秦漢之際的受命改制說與儒學獨尊〉，《齊魯學刊》，（1997 年第 1 期）。

11. 孟令俊：〈中華儒學的產生與古今文經的統一〉，《史學月刊》，（1997 年第 5 期）。

12. 成其聖：〈西漢獨尊儒術后的王霸之爭〉，《河南大學學報》，（中國 1998 年 1 月）。

13. 張華松：〈秦代的博士與方士〉，《孔子研究》，（1999 年第 1 期）。

14. 黃樸民:〈何休《公羊》「大一統」思想析論〉,《孔子研究》,(1999年第2期)。

15. 寇養厚:〈漢武帝爲何重視《公羊學》〉,《文史哲》,(1999年第4期)。

16. 龔建平:〈郭店簡與《禮記》二題〉,《武漢大學學報》,(中國,1999年第5期)。

17. 韓旭暉:〈《郭店楚簡》與早期儒家思想研究的新拓展〉,《孔子研究》,(2000年第5期)。

18. 安作璋、劉德增:〈齊魯博士與兩漢儒學〉,《史學月刊》,(2000年第1期)。

19. 楊天宇:〈略論漢代今古文經學的鬥爭與融合〉,《鄭州大學學報》,(中國,2001年第2期)。

20. 丁四新:〈略論郭店楚簡五行思想〉,《孔子研究》,(中國,2000年第3期)頁50～57。

21. 殷南根:〈五行本義索解〉,《中國哲學史研究》,(中國,1988年第3期)p.17～21。

22. 辛旗:〈鄒衍思想的轉變及其陰陽五行學說的意義發微〉,《中國哲學史研究》,(中國,1988年第3期),頁28～32。

23. 馬勇:〈鄒衍與陰陽五行學說〉,《社會科學研究》,(中國,1985年第6期),頁54～55。

24. 趙紀彬:〈陰陽五行學派的代表──鄒衍〉,《中國哲學史研究》,(中國,1985年第2期),頁57～63。

25. 韓旭暉:〈郭店楚簡與早期儒家思想研究的新拓展〉2000年第5期。中國:《孔子研究》,頁123～127。

26. 羅新慧:〈郭店楚簡與儒家的仁義之辨〉,《齊魯學刊》,(中國,1999年第5期),頁27～31。

27. 龐樸:〈馬王堆帛書解開了思孟五行說之謎〉,《文史哲》,(1977年第10期),頁63～69。

28. 龐樸:〈五行篇評述〉,《文史哲》,(1988年第1期),頁3～14。

29. 湯其領:〈董仲舒公羊學體系形成初探〉,《徐州師範學院學報》,(中國,1987年第2期),頁48～54。

30. 趙載光:〈上古自然崇拜與五行觀念的起源〉,《湘潭大學學報》,(中國,1990年第1期),頁75～78。

31. 趙載光:〈從卜辭中的四方神名看五行的演化〉,《湘潭大學學報》,(中國,1991年第2期),頁72～76。

32. 臧振:〈五行起源新探〉,《陝西師大學報》,(中國,1989年第4期),頁86～92。

33. 郭齊勇：〈郭店儒家簡與孟子心性論〉，《武漢大學學報》，（中國，1999年第 5 期），頁 24〜28。

34. 陳亞如：〈漢書五行志的五行思想〉，《中國歷史文獻研究集刊》，（中國，1996 年第 1 期），頁 115〜126。

35. 陳偉：〈郭店楚簡六德諸篇零釋〉，《武漢大學學報》，（中國，1999 年第 5 期）。

36. 龍文懋：〈董仲舒法天思想探本〉，《齊魯學刊》，（中國，1997 年第 6 期）。

37. 魏啓鵬：〈思孟五行說的再思考〉，《四川大學學報》，（中國，1988 年第 4 期）。

38. 李妍承：《董仲舒春秋學之研究》，（台灣：台大哲研所博士論文），1998 年。

39. 何照清：《兩漢公羊學及其對當時政治之影響》，（台灣：輔大中研所碩士論文），1996 年。

40. 李順民：《從漢代陰陽五行說與禪讓說的結合看新莽政權的建立》，（台灣：師大國研所碩士論文），1989 年。

41. 劉馨潔：《易傳陰陽思想之研究》，（台灣：師大國研所碩士論文），2000 年。

42. 陳禮彰：《董仲舒天人思想研究》，（台灣：師大碩士論文），1992 年。

43. 王充：《論衡》，（中研院・漢籍電子資料庫。）

44. 胡平生：〈簡牘制度新探〉，《文物》，（中國，2000 年第 3 期）。

45. 楊澤生：〈孔壁竹書的文字國別〉，《中國典籍與文化》，（中國，2004 年第 1 期）。

46. 湖北省荊門市博物館：〈荊門郭店一號楚墓〉，《文物》，（中國，1997 年第 7 期）。

47. 復旦大學出土文獻與古文字研究中心研究生讀書會：《〈上博七・武王踐阼〉校讀》，（復旦大學出土文獻與古文字研究中心網），2008 年 12 月 30 日。

48. 陳劍：《上博簡〈子羔〉、〈從政〉篇的拼合與編連問題小議》，（簡帛研究網），2003 年 1 月 8 日。

49. 林素清：《釋「匱」——兼及〈內禮〉新釋與重編》，「中國古文字：理論與實踐國際學術研討會」，（美國芝加哥大學東亞系主辦），2005 年 5 月 28〜30 日。

50. 井上亘：《〈內禮〉篇與〈昔者君老〉篇的編連問題》，（簡帛研究網），2005 年 10 月 16 日。

51. 福田哲之：《上博四〈內禮〉附簡、上博五〈季康子問於孔子〉第十六簡的問歸屬問題》，（簡帛網），2006 年 3 月 7 日。

52. 曹建國：〈上博竹書〈弟子問〉關於子路的幾條簡文疏釋〉，《新初楚簡國際學術研討會議論文集（上博簡卷）》，（哈佛燕京學社等主辦），2006年6月26～28日。

53. 伊若泊：〈《上博·五》所見仲尼弟子子貢的言語與早期儒學史〉，《2007年中國簡帛學國際論壇會議論文》，台北：2007年11月10、11日。

54. 李志鵬：《仲弓任季氏宰小考》，（簡帛研究網），2004年6月6日。

55. 胡蘭江：《七十子考》，（北京大學博士學位論文），2002年。

56. 徐少華：〈論〈上博五·君子為禮〉的編連與文本結構〉，《歆出楚簡國際學術研討會會議論文集（上博簡卷）》，（哈佛燕京學社等主辦）

57. 龐樸：〈喜讀「五至三無」——初讀「上博簡」（二）〉，《上博館藏戰國楚竹翰研究續編》，《說話「五至三無」》，《文史哲》，2004年第1期。

58. 林啟屏：〈論〈民之父母〉中的「三無」〉，《新出簡竹國際學術研討會會議論文集（上博簡卷）》，（哈佛燕京學社等主辦）。

59. 李二民：《〈緇衣〉研究》，（北京大學碩士學位論文），2001年。

60. 郭齊勇：〈上博楚簡所見孔子思想及其與〈論語〉之比較——以仁學與德政為中心〉，《新出簡竹國際學術研討會會議論文集（上博簡卷）》，（哈佛燕京學社等主辦）。

61. 劉洪濤：〈讀上博竹書〈天子建州〉劄記〉，（簡帛網），2007年7月12日。

62. 李孟濤：〈試探書寫者的識字能力及其對流傳文本的影響〉，《中國簡帛學國際論壇2008論文》，（芝加哥大學），2008年。

63. 臧克和、吳建偉：《戰國楚文字構件系統分析和《上海博物館藏楚竹書（一）》文字考辨》，（華東師範大學「漢語言文字學專業」博士論文），2004年4月。

64. 李學勤：〈孔孟之間與老莊之間〉，《新出土文獻與先秦思想重構》，（台大哲學系主辦），2005年。

65. 龐樸：〈喜讀「五至三無」——初讀〈上博簡〉（二）〉，《上博館藏戰國楚竹書研究續編》，《話說「五至三無」》，《文史哲》，（2004年第1期）。

66. 徐少華：〈楚竹書〈民之父母〉思想源流探論〉，《中國哲學史》，2005年第4期。

67. 林啟屏：《論〈民之父母〉中的「三無」》，哈佛燕京學社等主辦：《新出楚簡國際學術研討會會議論文集（上博簡卷）。

68. 龐樸：《孔孟之間——郭店楚簡中的儒家心性說》，載《中國哲學》，第20輯。

69. 《郭店簡〈窮達以時〉〈語叢四〉的基礎簡序調整》，載《國際簡帛研究通訊》，第2卷5期。

70. 李宗桂：〈《淮南子》與《春秋繁露》的同異浮沉〉，鵝湖月刊 10 期。

71. 陳亞如：《漢書・五行志》的五行思想，中國歷史文獻研究集刊總 14 輯。

72. 周鳳五：〈郭店竹簡的形式特徵及其分類意義〉，《郭店楚簡國際學術研討會論文集》，中國：湖北人民出版社，2000 年。

73. 唐君毅：《先秦思想中之天命觀》，載《新亞學報》，第 2 卷 2 期，1957 年。

74. 何照清：《兩漢公羊學及其對當時政治之影響》，輔大碩論，1996 年。

75. 郭靜雲：《捝物流形》的「𠃟示」字以及陰陽、水火的關系〉，簡帛研究網，2010 年 4 月 26 日。

76. 郭靜雲：《試論先秦儒家「悬」概念之來源與本意》，簡帛研究網，2010 年 6 月 18 日。

附錄一：由簡牘帛書中的「刑德」觀探析儒家天人思想之變化

廖秀珍

摘　要

　　本文擬就刑德觀之源起，及其轉變，以及如何與陰陽說結合的過程，期能更充分了解儒家天人思想的變化。

　　自 1973 年發現湖南長沙馬王堆漢墓簡帛，至 1993 年湖北荊門郭店楚簡出土，及 1994 年收購入藏上海博物館楚簡，迅速地引起一波接一波的研究風潮。除了進一步了解黃老之學的發展；也解開了思孟「五行」之謎之外，最重要的是對漢初儒法思想融合有了更清楚的認識。

　　「陰陽五行」與「天人感應」相通，是兩漢學術的最大特色。筆者曾在〈陰陽五行與兩漢學術初探〉一文有了粗淺探討，唯對「刑德」與「陰陽」之間的轉折與相合，尚未能逐一探析，因此本文針對簡牘帛書中的「刑德」說與先秦典籍的相對照，來說明「刑德」理念的變化，方能明瞭〈漢書〉、〈後漢書〉中的「陰陽災異說」及「四時禁忌說」之因由。

　　陰陽五行相結合是在鄒衍時所完成的，如今回頭檢視其說在發展的過程中，思孟「五行」對傳統「五行」有了另一種儒家式的詮釋，但真正對兩漢「災異譴告」造成至深至鉅影響的，卻是「刑德」理念的變化與陰陽的相結合，因此「刑德」說的變化，扮演著關鍵的角色！

關健詞：刑德、陰陽、簡牘帛書

一、前　言

　　對學術界而言，20 世紀是一個劃時代的世紀，因為各地陸陸續續發現了不少的出土文物，王國維先生因此還提出了「二重證據法」，簡牘帛書的出現，無論是研究者或者是學術史皆深受其影響！尤其是近三十多年來，發現之簡牘帛書數量之多、內容之豐富，真是前所未有，真是給學術界帶來了新生命，新的觀點。其價值不下於「孔壁書」或「汲冢書」，其所帶來的震撼自不在話下。

　　50 年代發現的戰國簡帛，目前以子彈庫楚帛書最為完整且為唯一面世的資料，內容分為三篇，李學勤先生題為《四時》、《天象》、《月忌》，最特別的是書中所蘊含的是楚國流行的古史傳說和宇宙論，充滿了陰陽家的思想，李學勤先生同時提到《天象》雖不使用《尚書‧洪範》特有的名詞，其內容強調天人感應，有明顯的陰陽五行色彩〔註1〕。至於郭店楚簡的出土，龐樸先生提出郭店楚簡為道家思想提出了新觀點，為儒家思想提出了新資料，以為道儒之間的關係最開始是和睦共處的，後來二者之間出現的爭鬥，是道家和儒家的弟子們互相爭地位的結果，也是當時社會狀況一個側面的反映〔註2〕；李學勤先生也明確的指出：郭店楚簡與上博楚簡二書內涵以儒、道兩家為大宗〔註3〕，由此可知戰國時代雖然興起諸子百家思想，仍以儒、道二家為主流。郭店楚簡所言的五行，已是儒家化的五行──仁、義、禮、智、聖，五行已有儒家式的轉變。此時儒、道二家與原始面貌已開始不同！

　　到了 70 年代發現的秦簡，無論是睡虎地秦簡或是放馬灘秦簡，其中皆有《日書》的文獻。雖然放馬灘秦簡《日書》中所言帶有強烈的政治特徵，而睡虎地秦簡《日書》，通篇充滿了鬼神觀，但都是為占候時日，推擇吉凶的工具書〔註4〕。李學勤先生指出《日書》體現的是楚國的傳統信仰，反映了楚人尊尚巫鬼的習俗，即使佔領楚地的秦人，也不能不受楚文化的浸潤〔註5〕。當然國情不同，風格自是有異，秦人是以自然神崇拜為核心的多神崇拜體系，與商、周對祖先神明的恭敬，是大不相同的。

〔註1〕李學勤：《簡帛佚籍與學術史》，江西教育出版社，頁44。
〔註2〕劉祖信、龍永芳：《郭店楚簡綜覽》，萬卷樓圖書公司，頁22。
〔註3〕李學勤：《新出土文獻與先秦思想重構》，國際學術研討會會議論文，頁1～4。
〔註4〕馬今洪：《簡帛發現與研究》，上海書店出版社，頁45～47。
〔註5〕李學勤：《簡帛佚籍與學術史》，江西教育出版社，頁17。

至於漢簡，張家山漢簡仍有《日書》的記載；《蓋廬》內容強調的是「四時五行，以更相攻，天地爲方圓，水火爲陰陽，日月爲刑德」的兵陰陽家思想〔註6〕；而馬王堆帛書，沒有《日書》之名，但其中《陰陽五行》亦是推擇吉凶時日的術數之言〔註7〕，也有儒家式的《五行》記載；馬王堆帛書《刑德》甲、乙、丙三篇是屬於兵陰陽家的內容；但《黃帝四經》所言的刑德是陰陽刑德之說，也就是說，在馬王堆帛書《刑德》概念上就有兩種迥然不同的用法。

此外，李學勤先生於銀雀山漢簡的《庫勒·小言賦》文中「一陰一陽，道之所貴；小往大來，《剝》、《復》之類也，卑高相配而天地位，三光并照則大小備。」「卑高相配而天地位」本於〈繫辭上〉「天尊地卑，乾坤定矣」、「小往大來」是《泰卦》的卦辭。李學勤先生因此推論《易傳》在宋玉的時期，在楚地應當已經流行了。加上馬王堆帛書《易傳》出土於楚地，且傳《易》的繆和、昭力，都是楚人。換言之，《易傳》的成書不會晚於戰國中期〔註8〕。陳鼓應先生贊同朱伯崑先生的觀點：《易傳》的天道觀屬於道家，倫理思想屬於儒家，也贊同馮友蘭先生：倫理思想在《易傳》中並非居於主體的部分，而是在它的宇宙觀和辯證法思想〔註9〕。並以《繫辭》中的多處特殊用語，如：「天尊地卑」「貴賤位矣」等觀念與《黃帝四經》非常接近，甚至吸收《黃帝四經》的思想內容〔註10〕，這些都是受到黃老思想的影響。在《象傳》更具體講到天道、地道、人道的一致性，而且是以人效法天地爲基礎。〔註11〕

綜合以上所有資料，無論是戰國的簡牘帛書、秦朝的簡牘帛書，甚至是漢代的簡牘帛書，都可以明顯的發現，其中充滿著楚文化的蹤跡，而且遍佈著陰陽五行的色彩，及稷下所產生的黃老之學，再加入《易傳》的思維，時至漢初，不但是政治上的大變動，當時人的觀天地、論時事都是另一種新論點、呈現出新的風貌。

二、刑德觀之源起

「德」——說文：德，升也。但升的本義，在上古文獻中非常少用。《釋

〔註6〕 李學勤：《簡帛佚籍與學術史》，江西教育出版社，頁185。

〔註7〕 馬今洪：《簡帛發現與研究》，上海書店出版社，頁58。

〔註8〕 李學勤：《簡帛佚籍與學術史》，江西教育出版社，頁378。

〔註9〕 陳鼓應：《道家文化研究第12輯》，北京三聯書店，頁4。

〔註10〕 陳鼓應：《易傳與道家思想》，臺灣商務印書館，頁215。

〔註11〕 陳鼓應：《易傳與道家思想》，臺灣商務印書館，頁17。

名・釋言語》「德：得也；得事宜也」。「德」常用的反而是「得」的意思，如卜辭中常見的用語「有德」、「無德」，其「德」就是借為「得」〔註12〕，老子一書借「德」言「得」，更是多到不可勝數，《周易》經文出現五次「德」，釋「得」之義就有四次，但是到了《易傳》的詮釋，幾乎都是人倫規範意義了。但是，把「德」釋為道德規範，在周代就已經發展的非常成熟了。由此可見，「德」字在起源上，已有「德」、「得」運用的不同了。

殷商之滅亡，造成「國之大事，在祀與戎」的思維起了變化，君權神授、王權天定之說備受考驗，周人採取「維新」觀點出發，因而興起敬天保民的思考方向。從殷人萬事求卜中，發展到「天命靡常」的文獻出現，已可看出天消人長的趨勢。周人如何敬天保民呢？「德」在《尚書》中出現的頻率很高，幾乎每篇都有以德配天的記錄；但是在《夏書》或《商書》是把天與德或民與德聯系起來，到《周書》才把天與民真正聯系起來，發展至此，天、人、德三位一體，周朝統治者把天治與民意統一起來，如：《尚書・泰誓上》「民之所欲，天必從之」；《尚書・泰誓中》「惟天惠民」；《尚書・多方》「天惟時求民主」，《尚書・皋陶謨》「天聰明，自我民聰明。天明畏，自我民明威。」因此這種德治思維，成為儒家天人思想的根基。

刑——說文：到也，是斷頸橫絕之義，引申有刑罰、典刑、儀刑等等的涵義。「德」「刑」原是分開使用，直至《尚書》一書，「德」「刑」二字就經常出現，換句話說，尚德之外，同時提出慎刑的觀點，《尚書・堯典》「惟刑之恤」；《尚書・康誥》「明德慎罰」；《尚書・多方》「罔不明德慎罰」；《尚書・呂刑》「惟敬五刑刑，以成三德」「朕敬于刑，有德惟刑」，這種尚德慎刑思想的興起，不論是個人道德上的修養，或是在政治面的規範，對後世都造成了深遠的影響。

三、刑德觀之發展

春秋前期，《左傳・桓公六年》季梁的「夫民，神之主也，是以聖王先成民而後致力於神。」以及《左傳・僖公十九年》子魚的「民，神之主也」，民、神並舉，且主宰權是在民不在神，觀念上已突破殷周時代，大大向前邁進了一大步。此外尚有《左傳・莊公三十二年》史過的「國之將興，明神降之，監其德

〔註12〕 李孝定：《甲古文字集釋第二》，中央研究院歷史語言研究所，頁563。

也；將亡，神又降之，觀其惡也。」；《左傳‧僖公五年》宮之奇的「鬼神非人實親，惟德是依。」因此君王依德而行否，成為禍福之關鍵。《左傳‧僖公十六年》叔興的「吉凶由人」。由以上諸例看來，重民、重德思想大大提升。

春秋後期，孔子的看法當然是站在人倫規範上。《論語‧為政》子曰：「道之以政，齊之以刑，民免而無恥；道之以德，齊之以禮，有恥且格。」《論語‧里仁》子曰：「君子懷德，小人懷土；君子懷刑，小人懷惠。」孔子把刑德用在治國上，同時也用在個人修身上。

《左傳‧襄公二十六年》聲子的「古之治民者，勸賞而畏刑，恤民不倦。賞以春夏，刑以秋冬。」德刑，賞罰已有與四季相應之記載，這可是另類發展，也由此開啟了災異譴告的先河！

《左傳》在昭公二十五年，昭公二十九年，昭公三十二年裏，皆有提到五行，都是指金、木、水、火、土，一如《尚書》所述傳統的五行，尚未參雜其他理念，即是尚未與刑德觀相結合。綜上所述，周以德配天行事，時至春秋，《左傳》有許多預言且應驗之例，而有「其失也巫」之譏，似乎開啟了讖緯的先聲。但綜覽全書，凡典章制度，臧否人物，莫不以禮裁斷，甚而預言吉凶，鄭玄《六藝論》就盛贊左氏「善於禮」。此外，《左傳》已有德刑，賞罰與四時相應之記錄。

四、刑德觀之轉折

《黃帝四經》中，一方面「德」釋為「德行」之義，如〈經法‧君正〉「一年從其俗，二年用其德，三年而民有得」、〈經法‧六分〉「天下大平，正以明德……」、〈十大經‧果童〉「地俗德以靜……」，〈十大經‧原道〉「好德不爭……」，〈稱〉「時極未至，而隱於德；既得其極，遠其德……」，〈稱〉「地德安徐正靜……」〔註13〕。一方面「德」釋為「賞」與「刑」連用來行文，如〈十大經‧姓爭〉「凡諶之極，在刑與德」，〈十大經‧姓爭〉「刑德相養，逆順若成。刑晦而德明，刑陰而德陽……」，〈十大經‧姓爭〉「德則無有，措刑不當……」〔註14〕，《黃帝四經》把四時和陰陽刑德聯繫起來，這部分正是重大的轉變處。《十大經‧觀》云：「贏陰布德……不靡不黑，而正之以刑與

〔註13〕陳鼓應：《黃帝四經今註今譯》，臺灣商務印書館，頁 104、138、300、322、393、429、464。
〔註14〕陳鼓應：《黃帝四經今註今譯》，臺灣商務印書館，頁 263、325、329。

德。春夏爲德，秋冬爲刑，先德後刑以養生……凡諶之極，在刑與德。刑德皇皇，日月相望，以明其當……」〈姓爭〉也說：「天德皇皇，非刑不行，穆穆天刑，非德必傾。刑德相養，逆順若成，刑晦而德明，刑陰而德陽，刑微而德章。」陳鼓應先生舉出種種證據，肯定的推論《黃帝四經》成書年代在戰國中期之前，公元前 4 世紀前后〔註15〕。陳鼓應先生亦舉出種種論述說明《黃帝四經》深受稷下道家及黃老思想影響，就是撇開受到儒家思維影響，但就「德」的論述，在《黃帝四經》全文中，仍佔有重要成分，換言之，儒家思想在《黃帝四經》中的地位，也不應視而不見。

接著《管子》這一部「稷下叢書」匯集了戰國中後期，在齊國首都稷下學宮百家爭鳴時各家各派的論文中，《管子·四時》「刑德者，四時之合也。刑德合於時，則生福；詭則生禍。」「日食則修德，月食則修刑」，也都把四時和陰陽刑德聯繫起來。無怪陳鼓應先生驚呼《黃帝四經》的問世，它和《管子》有太多的相似之處，並提出《管子》是沿襲《黃帝四經》的。〔註16〕《黃帝四經》與《管子》四篇都有〔道生法〕的觀念，值得注意的是：道法思想爲稷下道家的重要特色。這個生於道的法的具體內容是什麼呢？就是陰陽刑德的交替使用。天道的循環表現爲「四時代正，終而復始」。〔註17〕但以刑德行文而論，《管子》全書，較少刑德連用行文，習用刑賞行文，如：《管子·九守》「用賞者貴誠，用刑者貴必」《管子·版法解》「乘夏方長，審治刑賞」《管子·版法解》「刑賞信必，則勸善而奸止」等等〔註18〕。其目的是在強調「有功必賞，有罪必誅」及《管子·幼官》「明賞不費，明刑不暴，賞罰明則德之至者也。」〔註19〕。其德之涵養多是「德政」義，甚少談個人修身之事，如：《管子·重令》「德不加於弱小，……而求霸諸侯，不可得也，……，德不能懷遠國，……而求王天下，不可得也。」〔註20〕《管子·幼官》「畜之以道則民和，養之以德則民合」〔註21〕比較特別的是提出「先德後刑」的觀點：《管子·勢》「先德後刑」〔註22〕，作用在《管子·版法解》「法天合德」〔註

〔註15〕陳鼓應：《黃帝四經今註今譯》，臺灣商務印書館，頁 35～41。
〔註16〕陳鼓應：《黃帝四經今註今譯》，臺灣商務印書館，頁 6。
〔註17〕陳鼓應：《黃帝四經今註今譯》，臺灣商務印書館，頁 41。
〔註18〕劉柯、李克和：《管子譯註》，黑龍江人民出版社，頁 360、417、419。
〔註19〕劉柯、李克和：《管子譯註》，黑龍江人民出版社，頁 78。
〔註20〕劉柯、李克和：《管子譯註》，黑龍江人民出版社，頁 100。
〔註21〕劉柯、李克和：《管子譯註》，黑龍江人民出版社，頁 121。
〔註22〕劉柯、李克和：《管子譯註》，黑龍江人民出版社，頁 294。

23〕，此處明顯承襲了《黃帝四經》的觀點，《黃帝四經·觀》「先德後刑以養生」「先德後刑順於天」〔註24〕。

總而言之，刑德說又加入了稷下道家的思維。其實也就是司馬談在《論六家要旨》中所說：道家使人精神專一，動合無形，贍足萬物。其爲術也，因陰陽之大順，采儒、墨之善，撮名、法之要，與時遷移，應物變化，立俗施事無所不宜，指約而易操，事少而功多。尚德慎刑觀又黃老化了。

由於李學勤先生提出《郭店簡》、《上博簡》年代在戰國中期後段以下，約公元前 340 年以後，是依據其出土的陶盉、陶斗，形制差異細微；同形的銅器有菱形鏃、軎轄等；漆木器有木枕；尤其是漆繪銅鏡，兩墓所出「如同一笵」，何況《上博簡》的形制、字體與郭店簡沒有突出的差別，所以李學勤先生把時代定在戰國中期後段。〔註25〕也就是說《黃帝書》在前，《郭店簡》、《上博簡》在後。我們就來看看《郭店簡》、《上博簡》的相關資料。

《郭店楚簡》

1、賞與罰，禍福之基也，或前之者矣。《郭店楚簡·尊德義》

2、刑不逮於君子，禮不逮於小人。《郭店楚簡·尊德義》

3、未刑而民畏，有心畏者也。《郭店楚簡·性自命出》

4、知己所以知人，知人所以知命，知命而後知道，知道而後知行，由禮知樂，由樂知哀。有知己而不知命者。無知命而不知己者。有知禮而不知樂者，無知樂而不知禮者，善取，人能從之，上也。《郭店楚簡·尊德義》

5、生德，德生禮，禮生樂，由樂知刑。知己而後知人，知人而後知禮，知禮而後知行。其知博，然後知命。知天所爲，知人所爲，然後知道，知道然後知命。《郭店楚簡·語叢一》

6、知禮然後知刑。《郭店楚簡·語叢一》

7、天人之分思想——有天有人，天人有分。察天人之分，而知所行矣。《郭店楚簡·窮達以時》

由以上羅列有關刑德的資料來分析，君子、小人，知命、知天的論述，是非常接

〔註23〕劉柯、李克和：《管子譯註》，黑龍江人民出版社，頁 419。
〔註24〕陳鼓應：《黃帝四經今註今譯》，臺灣商務印書館，頁 276、282。
〔註25〕李學勤：《新出土文獻與先秦思想重構》，國際學術研討會會議論文，頁 13。

近孔子的思路，唯獨天人之分之說，顯然是荀子之言，足見已受道家思想的影響。

《上博楚簡》〈魯邦大旱〉

> 魯邦大旱。哀公謂孔子：「子不爲我圖之？」。孔子答曰：「邦大旱，毋乃失諸刑與德乎？」唯……之何哉？孔子曰：「庶民知說之事鬼也，不知刑與德，如毋愛珪璧帛於山川政刑與（德），……出，遇子貢，曰：「賜，爾聞巷路之言，毋乃謂丘之答非歟？」子貢曰：「否也，吾子如重名其歟？，如夫政刑與德，以事上天，此是哉！如夫毋愛珪璧幣帛於山川，毋乃不可。夫山，石以爲膚，木以爲民，如天不雨，石將焦，木將死，其欲雨又甚於我，又必待吾命乎？夫川，水以爲膚，魚以爲民，如天不雨，水將涸，魚將死，其欲雨又甚於我，又必待吾命乎？」孔子曰：「於乎！……公豈不飽粱食肉哉？無如庶民何？」

〈魯邦大旱〉談論刑德凡三次，兩次是孔子與哀公談論，子貢對孔子一次。全文闡述天災與人事的對應態度。

　　廖名春先生前後提出「人事有誤，上天就降災，邦則『大旱』。要想弭災止旱，唯一的辦法就是『正刑與德』，在政治賞罰上撥亂反正。以此事奉上天，上天才會感而止旱。」〔註 26〕及邦大旱本是自然現象，魯哀公問計于孔子，孔子不從『天道』解釋，卻以人事答之，認爲是魯哀公『失諸刑與德』。人間出現了政不在君、政出大夫的怪事，自然界才有了『大旱』的異象。這種以人事說天道的方式，顯然是建構在『天人合一』的天人感應觀上的〔註 27〕。淺野裕一「如此，一邊承認上天或天道的權威本身，維持天人相關的架構，一邊只有否定使用巫術企圖影響上天或天道的方法。在這一點上，（魯邦大旱）與子產、晏嬰、縣子等人的立場如出一轍。這種思維提倡「從依賴巫祝之巫術的政治，轉爲重視君主之德的政治」之轉換，藉由主張「唯有君主之德能夠影響上天或天道」的形式，企圖使原本即爲最高巫祝的君主，回復並且獨占對上天或天道的神通力量。此一思想動向是春秋後期、公元前六世紀——即鄭之子產、晉之叔向、齊之晏嬰等，以貴族身份輔佐君主之賢人政治家們活躍的時代——所興盛的新思潮。」〔註 28〕

〔註 26〕朱淵清等：《上博館藏戰國楚竹書研究續編》，上海書店出版社，頁 113。
〔註 27〕廖名春：《出土簡帛叢考·上博館魯邦大旱札記》，湖北教育出版社，頁 85。
〔註 28〕淺野裕一：《戰國楚簡研究·魯邦大旱》，萬卷樓圖書公司，頁 129～144。

兩位學者專家所言，無論在天人合一的觀察上，或是吉凶由德的說法，從各種專文的闡述中是相合的。依照李學勤先生提出郭店簡、上博簡年代在戰國中期後段以下；陳鼓應先生推論《黃帝四經》成書年代在戰國中期之前，但以刑德資料內容的完整性，以及思考邏輯的縝密性，郭店簡、上博簡，並不如《黃帝四經》與《管子》書中陳述四時和陰陽刑德聯繫的緊密性及全面性。也就是說郭店簡、上博簡的完成時間應該要在《黃帝四經》與《管子》之前才合理。二簡唯獨在五行的認知是相近的，都是儒家式的闡述。

五、影　響

尚德慎刑思想的興起，不論是個人道德上的修養，或是在政治面的規範，《尚書》多有記載，《左傳·襄公二十六年》賞罰已有與四季相應之記載，如前所述，在《郭店楚簡》、《上博楚簡》亦有論及，到了《黃帝四經》與《管子》，更是論述完整，《淮南子》書中無一處提到《呂氏春秋》，但兩書在思想上承續相因，脈絡清晰，以至幾乎可以稱它們為姐妹篇〔註29〕。《淮南子·時則訓》和《呂氏春秋·十二紀》的〈月令〉文字幾乎相同，到了《春秋繁露·治亂五行》與《淮南子·時則訓》一對照，可以說董仲舒全盤吸收了劉安的說法，不只有接收陰陽五行之說，刑德觀、天人相應，董仲舒充分利用了《淮南子》的思想材料〔註30〕，改以儒家式的轉換其面貌，來建構天人合一的新儒家。

「刑」之詮釋，無論是指「法度」之刑，或是韓非的「殺戮之謂」，倒是可以看出尚德慎刑觀的發展脈絡。李學勤先生：「老子之後，下開保守的莊列一派、積極的黃老一派」〔註31〕；胡家聰先生：「稷下黃老學屬官學，為「君人南面」為政作哲學論證，可以說是用世派；而列莊之學屬私學，倡導「齊物」「心齋」，神遊物外，超升到逍遙遊的境界，可以說是遊世，逃世的逍遙派」〔註32〕，並提出：「黃老道論由老子哲學反對「禮、法」轉變為「禮、法、儒」融合，從而崇尚「禮、法」，這種政治上的轉變至關重要。」〔註33〕及「以齊法家著作《管子·禁藏》和陰陽家著作《管子·四時》對讀，可以發現齊

〔註29〕朱永嘉、蕭木：《新譯呂氏春秋》，三民書局，頁49。
〔註30〕朱永嘉、蕭木：《新譯呂氏春秋》，三民書局，頁49～50。
〔註31〕李學勤：《新出土文獻與先秦思想重構》，國際學術研討會會議論文，頁1～7。
〔註32〕胡家聰：《管子新探》，中國社會科學出版社，頁94。
〔註33〕胡家聰：《管子新探》，中國社會科學出版社，頁95。

法家學說與陰陽家學說是互相交流、互相滲透的。」〔註 34〕及「出於田齊稷下學的《管子》中的陰陽五行諸篇，天人感應說更居於重要地位。」〔註 35〕《呂氏春秋‧十二紀》五行相生的完備型態，是由《幼官》、《四時》的雛形發展而來的，因爲以五行方位配，四時節令均加了中央土，而且《四時》還有「務時而寄政」的四時教令。從《幼官》、《四時》的雛形到《呂氏春秋‧十二紀》的定型，其基本的內容仍以四時教令爲主體，但由季擴展到月。換言之，讓國家機器跟著天體運行的節序而運轉，從而「天、地、人」聯繫爲一個總體，構成世界圖式。〔註 36〕

尙德慎刑的思想，進而把「天、地、人」聯繫爲一個總體，構成世界圖式。董仲舒提出「德主刑輔」，是全盤接受了《黃帝四經‧觀》「先德後刑以養生」「先德後刑順於天」及《管子‧勢》「先德後刑」、《管子‧版法解》「法天合德」的觀點，更擴大天人相應的思維——天道人事相應合的發展脈絡，一一清楚可見，其後再衍生成災異譴告的模式來約束當政者的行爲！影響最大的當然就是兩漢，也因此開啓了專記災害志的先河《漢書‧五行志》。使得後生小輩知此原由，下詔罪己的不必是君王或在高位的掌權者，直至今日，無論是對主政者或就個人而言，尙德慎刑仍是一帖心靈良藥。尙德慎刑的思想，從周代把以德配天，多言人事爲主，到了戰國再至漢朝，則談天道、四時的成份增加了很多，把自然界的天、時予以陰陽五行化了，《呂氏春秋》、《淮南子》、《春秋繁露》，更是一路相隨，司馬遷不禁要說出「究天人之際」了！

主要參考書目

書籍類

1. 李孝定：（1974），《甲古文字集釋第二》，（臺北：中央研究院歷史語言研究所，初版），頁 563。

2. 劉祖信、龍永芳：（2005），《郭店楚簡綜覽》，（臺北：萬卷樓圖書公司，初版），頁 22。

3. 李學勤：（2004），《簡帛佚籍與學術史》，（江西教育出版社，第二版），頁 44，頁 17。

〔註 34〕 胡家聰：《管子新探》，中國社會科學出版社，頁 121。
〔註 35〕 胡家聰：《管子新探》，中國社會科學出版社，頁 114。
〔註 36〕 胡家聰：《管子新探》，中國社會科學出版社，頁 118。

4. 馬今洪：（2002），《簡帛發現與研究》，（上海書店出版社，初版），頁 45 ～47。

5. 陳鼓應：（1998），《道家文化研究第 12 輯》，（北京三聯書店，初版），頁 4。

6. 陳鼓應：（1999），《易傳與道家思想》，（臺灣商務印書館，第三版），頁 17。

7. 朱淵清等：（2004），《上博館藏戰國楚竹書研究續編》，（上海書店出版社，初版）：頁 113。

8. 廖名春：（2004），《出土簡帛叢考》，（湖北教育出版社，初版），頁 8。

9. 淺野裕一：（2004），《戰國楚簡研究》，（萬卷樓圖書公司，初版），頁 129 ～144。

10. 朱永嘉、蕭木：（2000），《新譯呂氏春秋》，（三民書局，第二版），頁 49。

11. 胡家聰：（2003），《管子新探》，（中國社會科學出版社，初版），頁 94，頁 95，頁 114，頁 118，頁 121。

12. 劉柯、李克和：（2003），《管子譯註》，（黑龍江人民出版版社，初版），頁 78、頁 360、頁 417、頁 419。

期刊類

1. 李新霖：（1992），〈左傳原始禮意初探〉，《台北工專學報》，第 23 期。

2. 吳車：（1992），〈左傳論禮之重要性〉，《靜宜人文學報》，第 19 卷，第 4 期。

3. 張幼良：（2000），〈《尚書》德治思想原論〉，《徐州師範大學學報》，第 26 卷，第 4 期。

4. 房慧眞：（2003），《陰陽刑德研究》，（臺灣：國立師範大學碩士論文）。

5. 李學勤：（2005），〈孔孟之間與老莊之間〉，《新出土文獻與先秦思想重構》，臺北國際學術研討會會議論文。

附錄二：《周易》「道」「德」觀與儒、道二家「道」「德」觀探析

廖秀珍

摘　要

本文首先說明儒家以「道」「德」掛帥，而老子亦以《道德經》為說，兩家皆著重「道」「德」觀，猶如一篇文章之主旨，有所謂的「文眼」，那麼「道」「德」觀可說是儒、道二家的分水嶺、關鍵詞了！

其次說明儒家以《周易》為六經之首，道家則以易、老、莊並列，也把《周易》列為道家產物，自從陳鼓應先生提出《易傳》是道家之說，造成轟動，蔚為大觀，兩說各言其是，立場分明。《周易》之經傳究竟屬於儒家思想抑或是道家思想？故本文擬將範耕研、李鏡池、高亨、陳鼓應等人視《周易》為道家思想者以及程朱、戴璉璋、金春峰、張立文等人視《周易》為儒家思想者，將兩派對《周易》經傳的「道」「德」觀比照分析，竟然發現兩派從《周易》卦爻辭之「道」「德」觀的思考方向就已完全不同，因此對「道」「德」的解釋當然也不同，到了《易傳》更是十分明顯，視為儒家學派者則暢談人倫規範之「人道」，贊成道家學派者則論述宇宙自然之「天道」，因此儒道二家，一開始對「道」「德」之說就已分道揚鑣，有此認知，對《周易》經傳的認識，就不至於混淆耳目視聽，而能恍然大悟，脈絡分明了。

關鍵辭：周易、道、德、儒家、道家

一、前　言

　　道——「道」字首見於金文，在《散盤》〔註1〕、《曾伯簠》〔註2〕中，「道」都从行、首組成，到了《矦馬盟書》〔註3〕，變成從「彳」部不是「行」，《包山楚簡》〔註4〕亦是從「彳」部，直到《睡虎地竹簡》〔註5〕才是從「辵」部，《馬王堆竹簡》《馬王堆帛書》皆從「辵」部，已同《說文》，換言之，「道」字原从行，到春秋晚期則從「彳」部，秦漢時期則定型從「辵」部。《說文》「道」：所行道也，從「辵、首」，即人所行走的道路，就是「道」字的本義。《論語》中言「道」者有50多次，如「邦有道，邦無道」「志於道，據於德」「父之道」「人之道」等等，明顯的由「人走之道路」，發展成人倫規範之「道」。這也就是孔、孟、程、朱傳承之「道」。

　　而老子的「道」，吳怡指出自魏晉以來的學者們幾乎都把老子的無當作道之體，例如：何晏、王弼、胡適、李石岑、胡哲敷、馮友蘭等等，都把老子的「無」當作道之體〔註6〕，主要是因為老子的「道」是「視之不見」「聽之不聞」「無形」「無象」「有無相生」〔註7〕等等抽象敘述之故，但「道」既是無為無不為的特色，那就只有宇宙自然的力量。總而言之，自然無人為造作可說是道家所謂的「道」，而儒家所強調的則是人文化成走上聖賢之「道」，就「道」而論，兩家立場可是涇渭分明的。

　　德——有兩說：（1）「德」字在卜辭中皆借為得失字，視而有所得也，正見也从十目。

　　　　　　　　說文：「德」升也，从彳聲。

　　　　　　（2）「德」字原來應為「悳」字，後人以「德」為「悳」，而「悳」字反廢。

　　　　　　　　說文：「悳」外得於人，內得於己也。从直从心。

〔註1〕周法高主編：（1981），《金文詁林》，（台北：中文出版社），頁316。
〔註2〕中國社會科學院考古研究所編：（1994），《殷周金文集成第九冊》，（中國：中華書局），頁4632。
〔註3〕山西省文物工作委員會編：（1980），《侯馬盟書》，（台北：里仁書局），頁334。
〔註4〕李正光等：1998），《楚漢簡帛書典》，（中國：湖南美術出版社），頁925。
〔註5〕李正光等：（1998），《楚漢簡帛書典》，（中國：湖南美術出版社），頁926。
〔註6〕吳怡：（1989），《中國哲學發展史》，（台北：三民書局，三版），頁75。
〔註7〕陳鼓應：（2006），《三修老子今註今譯》，（台北：商務印書館），頁101、54。

「德」字的認定，一直是眾說紛紜，羅振玉、郭沫若、唐蘭一派主張第一說「德」借為得失字〔註8〕；孫詒讓、徐復觀一派主張「德」為「惪」之後起字，但以目前的金文圖版資料上可以明顯看出，「得」、「德」〔註9〕是非常清楚不同的兩個字，而「德」字在金文中多從「彳」，「惪」字在戰國時代的《包山楚簡》〔註10〕中仍有出現，直至漢《馬王堆帛書》中只出現「德」〔註11〕字，至目前的出土資料上沒有再出現「惪」字。第一說之「德」字的用法，當然沒有道德意涵。第二說認定的「德」字，主要在《尚書》中多次出現，若以屈萬里先生《尚書釋義》一書的斷代及真偽為依據，「德」字在《尚書‧虞夏書》中出現 28 次；「德」字在《尚書‧商書》中出現 13 次；「德」字在《尚書‧周書》中出現 84 次，《尚書》全書（不含偽古文尚書）出現「德」字，共計 125 次，出現率高的驚人。若以時代而論，《尚書‧周書》中之「德」意，大抵是言道德，但在《周書‧呂刑》中「惟克天德，自作元命，配享在下」，已與天字有連結。這是周代的發展情形。到了戰國時代，《周書‧洪範》「三德：一曰正直，二曰剛克，三曰柔克」，老子亦有「剛柔」之見，「剛柔」當是戰國時代熱門話題。

《莊子‧天下篇》言周人「以天為宗，以德為本，以道為門」。王國維亦云：「康誥以下九篇，周之經綸天下之道胥在焉，其書皆以民為言。」無論古人或近代人都提出周朝是一個大躍進的時代，如人民地位的提升，「召誥一篇，言之尤為反覆詳盡：曰命、曰天、曰民、曰德，四者一以貫之。」亦由此得知周人對天、人、德之關係，已有深刻的思考。王氏接著說「故知周之制度典禮，實皆為道德而設。」「周自大王以後，世載其德，自西土邦君，御事小子，皆克用文王教，至於庶民，亦聰聽祖考之彝訓，是殷、周之興亡，乃有德與無德之興亡。」〔註12〕此外，侯外廬先生亦指出我們從周初文獻上卻已經看出了道德起源的迹象〔註13〕，徐復觀亦有同感，提出周人建立了一個由「敬」所貫注的「敬德」、「明德」的觀念世界，來照察、指導自己的行

〔註8〕 李孝定：(1974)，《甲古文字集釋第二》，(台北：中研院歷史語言研究所)，頁 563。

〔註9〕 周法高主編：(1981)，《金文詁林》，(台北：中文出版社)，頁 322、328。

〔註10〕 李正光等：(1998)，《楚漢簡帛書典》，(中國：湖南美術出版社)，頁 433。

〔註11〕 李正光等：(1998)，《楚漢簡帛書典》，(中國：湖南美術出版社)，頁 411～413。

〔註12〕 王國維：(1975)，《觀堂集林》，(台北：河洛圖書)，頁 476～479。

〔註13〕 侯外廬：(1995)，《中國思想通史》，(中國：人民出版社)，頁 36。

爲，對自己的行爲負責，這正是中國人文精神最早的出現〔註14〕。總之從文獻上、專家學者的研究中，一再呈現出由周初至戰國「德治」發展的脈絡思維。

而老子的「德」是指萬象各有自性，以其自性爲「德」〔註15〕；得「道」謂之「德」，以「德」爲形上之「道」顯現於萬物的屬性與功能〔註16〕；《老子》一書「德」字有 41 見，如「德性」、「德善」、「報怨以德」，是指人生修養而言。此外，「德」還有一種涵義，指人或物秉賦於形上之「道」而具有的功能屬性，則爲道家哲學的專有名詞〔註17〕。不過老子基本上是反對儒家道德之說，老子「失道而後德，失德而後仁」的理念與孔子「志於道，據於德」的思維眞是楚河漢界，壁壘分明。

「道」「德」觀對儒、道二家而言，既然是壁壘分明，無須爭辯，孔子談「道」與「德」，都屬人倫規範之義；老子談「道」與「德」，則屬宇宙本體、世界規律或萬物屬性等義。自從陳鼓應先生在《易傳與道家思想》的書中，提出種種觀點來論述《易傳》的哲學思想是屬於道家而非儒家，眞是石破天驚，語出驚人；但《易傳》究竟是屬於儒家或道家呢？兩派專家學者各言其是，爭論不休，這就引起我的好奇，「道」「德」觀在《周易》一書中呈現什麼面貌呢？在《易傳》中又有那些變化？造成眾說紛紜，莫衷一是的原因爲何？這就是本文研究的動機。

二、《易經》之「道」、「德」觀

（一）、「道」

在《易經》卦爻辭中「道」字出現，共四見：

（1）《小畜‧初九》復自道，何其咎，吉。

（2）《履‧九二》履道坦坦，幽人貞吉。

（3）《隨‧九四》隨有獲，貞凶，有孚在道以明，何咎。

（4）《復》反復其道，七日來復，利有攸往。

〔註14〕徐復觀：（1999），《中國人性論史》，（台北：商務印書館），頁 23。
〔註15〕勞思光：（1980），《中國哲學史》，（香港：崇基書局），頁 193。
〔註16〕陳鼓應：（1999），《易傳與道家思想》，（台北：商務印書館），頁 103。
〔註17〕陳鼓應：（1999），《易傳與道家思想》，（台北：商務印書館），頁 296～297。

表一

卦　名	卦、爻辭	易程傳	範耕研	李鏡池	高　亨	陳鼓應
小畜・初九	復自道	剛健之才，足以上進而復與在上同志，其進復於上	道，塗也	道，田間路	復行故道	從舊路返回
履・九二	履道坦坦	九二居柔，寬裕得中，其所履坦坦然	道，坦道	履道，指行為素養	在平夷途徑之象	走在平坦的道路上
隨・九四	有孚在道	孚誠積於中，動為合於道，以明哲處之	道，路也	在路上獲利	刑罰在路中	在道謂在道途中
復	反復其道	其道反復往來，迭消迭息⋯⋯消長相因，天之理也〔註18〕	反復其道，而無差忒〔註19〕	路上來往很快〔註20〕	道乃道路之道也〔註21〕	從原路返回〔註22〕

　　這四個「道」字，一次出現在卦辭，三次出現在爻辭，由表一得知此處論「道」義分兩派，一為仍依金文「道」字本意解讀，如李鏡池、高亨等四人，大抵仍是指供人行走的道路之意，當然也明顯的看出：民國以來之專家學者依據殷周甲金文字解讀，因而有迥異於《易程傳》之觀點；若依照傳統的《易程傳》解讀，「道」字已不是供人行走的道路之意，兩處指的「道」與人倫規範有關，另兩見之道與宇宙自然有關。由《易經》有「動為合道」的修身概念與「消長之道」的自然之道兩類，至春秋時代《左傳》中亦承襲此二說，如《左僖公十三年》「天災流行，國家代有，救災、恤鄰，道也。」、《左文公十五年》「禮以順天，天之道也。」、《左哀公十一年》「盈必毀，天之道也。」〔註23〕

〔註18〕宋・程頤：(1974)，《易程傳》，(台北：河洛圖書)，頁89、98、159、241。
〔註19〕範耕研：(1998)，《周易詁辭》，(台北：文史哲出版社)，頁24、26、41、53。
〔註20〕李鏡池：(1984)，《周易通義》，(中國：中華書局)，頁23、24、39、49。
〔註21〕高亨：(1989)，《周易古經今注》，(中國：中華書局)，頁186、189、212、230。
〔註22〕陳鼓應：(2000)，《周易注譯與研究》，(台北：商務印書館)，頁100、109、166、222。
〔註23〕楊伯峻：(1982)，《春秋左傳注》，(台北：源流出版社)，頁345、614、1665。

依照時代先後推演，就能清楚的看出：《左傳》受到《易經》「道」的啟發，而孔子深受影響，且繼承此種思維，但以「天道遠，人道邇」為說，著重人倫規範之「道」。而老子受到《易經》陰陽消長的自然之道之影響，至此兩家各自發展，各崇其善，其根源實同為——《易經》。換言之，《周易》所言之「道」是全面性的，孔子深感世衰道微，欲重整人倫之「道」；老子卻以人為造作，反而造成紛亂，主張復歸自然之「道」。

即使是大力提倡《易傳》屬於道家作品造成轟動一時，甚至於蔚為風潮的陳鼓應亦提出：「道家思想底淵源也與儒家一樣同出於《易》，以老、孔而論，老子所受《易經》的影響尤大於孔子；《易經》和《老子》都是談論天人之際的論著，所以魏晉玄學家以《易》、《老》並稱。」〔註24〕只是陳先生承認孔子基本上是繼承著西周以來的德治主義的文化傳統，老子則繼承著西周以來的自然主義的文化傳統，而《易經》的思想特色則屬於後者。由此可見，主張《易經》屬於儒家思想的，自然朝向修身養性解「道」，主張《易經》屬於道家思想的，自然朝向宇宙自然解「道」，如此而已。

再來看看《易經》中的「德」。

（二）「德」

在《易經》卦爻辭中「德」字出現五次：

1. 《訟・六三》食舊德，貞厲，終吉。或從王事，無成。
2. 《小畜・上九》既雨既處，尚德載。婦貞厲。月幾望，君子征凶。
3. 《恆・九三》不恆其德，或承之羞，貞吝。《恆・六五》恆其德，貞婦人吉，夫子凶。
4. 《益・九五》有孚惠心，勿問，元吉。有孚惠我德。

表二

卦　　名	卦、爻辭	易程傳	李鏡池	高　亨	陳鼓應
訟・六三	食舊德	舊德謂處其素分	德通得	虧損其故日之德行也	坐享祖上的蔭祿
小畜・上九	尚德載	四用柔巽之德，積滿而至於成也	德借為得	德當讀為得	德同得

〔註24〕陳鼓應：（1999），《易傳與道家思想》，（台北：商務印書館），頁88。

卦　名	卦、爻辭	易程傳	李鏡池	高　亨	陳鼓應
恆‧九三‧六五	不恆其德	其德不常	德通得	即二三其德之意	此德爲「行」之內在者
益‧九五	有孚惠我德	以君之德澤爲恩惠也〔註25〕	德通得〔註26〕	德讀爲得〔註27〕	德謂美好之德〔註28〕

　　在《易經》爻辭中，已出現解釋「卦德」的特性，此「德」既非儒家亦不屬道家，且由表二可知，即使是李鏡池、高亨、陳鼓應解讀「德」義也不盡相同，唯一對《小畜‧上九》「尙德載」解爲相同的「德同得」，但是細究其內容，三人竟也完成不同，如李鏡池：「還可以栽種作物」，高亨「雨止難行但勿慮，將遇車求載而得載」，陳鼓應「貪得過分」〔註29〕，究竟何說爲是亦不可得知，但是顯而易見的是高亨、陳鼓應解讀「德」義除了「德同得」之外，亦有解爲「德行」之意。換言之，《易經》之「德」不專屬儒家或是道家。而是儒道二家皆深受《易經》影響，各有啓發。

表三

卦　名	今　本	馬王堆帛本	上博楚竹本
訟‧六三	食舊德	食舊德	食舊惪
小畜‧上九	尙德載	尙得載	此卦殘缺
恆‧九三‧六五	恆其德	恆亓德	恆亓惪〔註30〕
益‧九五	有孚惠我德	有復惠我德	

　　由表三可知，其中只有帛本出現「德」「得」兩種字體，劉大鈞從避名諱的角度已論證《易經》帛書經文要早於今傳本經文的出現，而楚竹本年代最早〔註31〕，而且李學勤提出以上博簡的形制、字體等與郭店簡沒有突出差別，

〔註25〕 宋‧程頤：（1974），《易程傳》，（台北：河洛圖書），頁64、93、288、379。
〔註26〕 李鏡池：（1984），《周易通義》，（中國：中華書局），頁16、23、65、84。
〔註27〕 高亨：（1989），《周易古經今注》，（中國：中華書局），頁178、187、252、281。
〔註28〕 陳鼓應：（2000），《周易注譯與研究》，（台北：商務印書館），頁78、101、292、375。
〔註29〕 三人出處頁碼同上列。
〔註30〕 劉大鈞：（2005），《今、帛、竹書《周易》》，（中國：上海古籍出版社），頁173、174、179、243。
〔註31〕 劉大鈞：（2005），《今、帛、竹書《周易》》，（中國：上海古籍出版社），頁111～112。

當屬於同一較寬的時代範圍之內〔註 32〕，換言之，竹本最早而今傳本最晚出，其次徐富昌先生指出：惪與德通假異文的情形，在簡帛典籍頗爲常見，並舉證許多實例〔註 33〕。然而其中有一共通性是：上博簡與郭店簡文中皆用「惪」，即使是《郭店老子》亦是用「惪」，而帛本老子則是全用「德」〔註 34〕，但是此處《周易》帛書卻出現「德」「得」兩種字體，是否有其他意味？因爲表三《小畜・上九》「尙德載」四種解說不同，應該是與「德」「得」的不同思考有關才是。近些年來，因爲出土文物接續發掘，發現時至漢初，《周易》形成定本前，確有不少不同版本，也參雜當代思維，《周易》、《老子》莫不如此。

戴璉璋先生則觀察出：明象位、重德業是易學發展的兩大主脈。這兩條主脈，發端於《易經》，貫穿於春秋，而結穴於《易傳》〔註 35〕。認爲《周易》作者的道德意識，也使他相信人們主觀的努力、品德的修養，可以轉化客觀的情勢。這須隨時隨地戒愼恐懼，保持自我的斂抑與警惕，對人對事都有認眞負責的態度，所舉證則不侷限在「道」「德」字面上，如：〈履・九四〉「履虎尾，愬愬，終吉。」、〈既濟・六四〉「繻有衣袽，終日戒。」等十餘例證說明自我斂抑與警惕，都可以涵攝在「敬」德之中。更進一步提出：《周易》的道德思想與《尙書・周書》中的敬德思想是一致的〔註 36〕。由此可知，「德」「得」的歧見，結果當然是迥然不同。

三、《易傳》之「道」、「德」觀

在《易傳》中「道」出現 102 次，雖然在《左傳》中，「道」的涵意從道路的原始涵意已擴展有天道、君道之意，但到《易傳》中，有人道、君道、臣道、妻道、中道、家道、君子、小人之道，由這些角度來說，一看就是儒家的思想，或者說擴大儒家的思維。即使是高亨或是陳鼓應先生注譯此處，亦得尊從此說而未加改動。其他的如：天道、地道、一陰一陽之謂道、乾道、坤道，這些當然是不屬於儒家之說，凡遇此處就是各家異說之處，舉例如下：

〔註 32〕李學勤：（2005），《新出土文獻與先秦思想重構》，（台北：國際學術研討會會議論文），頁 1～1。

〔註 33〕徐富昌：（2006），《簡帛典籍異文側探》，（台北：國家出版社），頁 136。

〔註 34〕徐志鈞：（2002），《老子帛書校注》，（中國：學林出版社），頁 1、14、40、48、58、62、77、103、187、224、233、246。

〔註 35〕戴璉璋：（1997），《易傳之形成及其思想》，（台北：文津出版社），頁 4。

〔註 36〕戴璉璋：（1997），《易傳之形成及其思想》，（台北：文津出版社），頁 27～28。

（一）《易傳》之「道」

表四

卦　名	卦、爻辭	易程傳	高　亨	陳鼓應
坤・象	君子攸行，先迷失道	先迷後得以下言陰道也	先迷惑而失路，后則順利	貿然先行必迷惑而失正路
比・象	後夫凶，其道窮也	无所親比，困屈以致凶窮之道也	所走之路乃窮困而不通也	行為勢必困窘
小畜・象初九	復自道，其義吉也	剛陽之才由其道而復其義	人由正路返故居	復歸其正道
睽・象九二	遇主于巷，未失道也	巷，非邪僻由徑也，未失道也	失道，迷失道路	未失處睽之道
蹇・象	不利東北，其道窮也	謂蹇之極也	其道困窮而不通	道路困窮
解・象九二	九二貞吉，得中道也	除去邪惡，使中直之道得行〔註37〕	九二居下卦之中位，象人行事得其正〔註38〕	正確道路〔註39〕

　　由表四得知：高亨、陳鼓應先生大多依甲金文「道」字本意解讀，大抵仍是指供人行走的道路之意，當然也再次看出：民國以來之專家學者仍依據殷周甲金文字解讀《易傳》的「道」，因而迥異於《易程傳》之觀點。但是張立文先生以五點指出《易傳》所說的「道」並不屬於道家系統，指出《易傳》所說的「道」，是客觀實有的具體事物，而不是虛無；是有形有象、看得見、摸得到的物質，而不是無形無象、看不見、摸不着的客觀精神；是客觀自然界運動變化的規律和自然社會的原理、原則，而不是先天就有的東西〔註40〕。主張《易傳・繫辭》中的「道」，顯然與《易經》中作為道路的「道」不同，而與老子所說的「道」相似。所謂「一陰一陽之謂道」、「陰陽不測之謂神」，它主要是指宇宙萬物的規律，並以一陰一陽的相互作用來表示〔註41〕。換言

〔註37〕宋・程頤：（1974），《易程傳》，（台北：河洛圖書），頁24、79、89、336、343、355。

〔註38〕高亨：（1989），《周易古經今注》，（中國：中華書局），頁60、97、102、252、258、262。

〔註39〕陳鼓應：（2000），《周易注譯與研究》，（台北：商務印書館），頁36、92、99、337、346、354。

〔註40〕張立文：（1991），《周易與儒道墨》，（台北：東大出版社），頁90～94。

〔註41〕張立文：（1991），《周易與儒道墨》，（台北：東大出版社），頁142。

之，張立文先生認為《易經》中沒有做為抽象的哲學概念的「道」，卦爻辭中的「道」，都是指具體的「道路」而言，這部分基本上是認同範、李、高、陳之說法，但不贊同連《易傳》之「道」皆解讀為「道路」。畢竟「道路」沒有抽象的哲學概念，也點出《周易》經傳原本要按照歷史發展的本來面目去認識。

乾、坤二卦無論是《彖辭》、《象辭》、《文言》，所言之「道」大抵是談乾道、坤道，此外《繫辭》亦不例外，這些正是主張是道家學派著力的重點，但是《繫辭上》第五章之言「仁者」、「知者」，直指孔子之中心思想；〈坤‧文言〉所言「妻道」、「臣道」，還是有儒家思想，雖然少，但不能說沒有。

（二）、《易傳》之「德」

《易傳》之「德」出現 78 次，除了論述乾德、坤德之外，所述皆是修身進德之事，無怪乎陳鼓應在《易傳與道家思想》一書中，強調此書系統地論證了《易傳》，（最為主要的是《象傳》與《繫辭》）為道家的作品〔註42〕，巧妙地避開了《象傳》這部分。戴璉璋在論述《象傳》義理之時，提出《象傳》作者對卦義的論述，全在闡發儒家修己安人的思想，它引導讀者玩味卦象、卦名，進而領悟修己進德、治國安民的道理〔註43〕。由此看來，陳鼓應先生的《易傳》是屬於道家而非儒家的說法，與事實是有距離的。雖然陳鼓應先生同意《象傳》有儒、法的成分，但認為道家的成分實更多於儒、法，並舉出《大象》開頭第一句：由天道（「天行健」）推衍人事（「君子以自強不息」）的思維方式，乃是出於道家而不是儒家〔註44〕，但是朱伯崑先生早就提出《周易》卦爻辭中反映的世界觀是天道和人事具有一致性。並舉例如：〈大過‧九二〉「枯楊生稊，老夫得其女妻，無不利」、〈大過‧九五〉「枯楊生華，老婦得其士夫，無咎無譽」，〈離‧九三〉「日昃之離不鼓缶而歌，則大耋之嗟，凶。」等等都是將自然現象同人類生活聯繫起來考查，或是借自然現象的變化說明人事活動的規則〔註45〕。前面已談論陳鼓應先生提出：「道家思想底淵源也與儒家一樣同出於《易》，以老、孔而論，老子所受《易經》的影響尤大於孔子。」因此陳鼓應先生提出《大象》的思維模式全然是繼承原始道家推天道以明人

〔註42〕陳鼓應：（1999），《易傳與道家思想》，（台北：商務印書館），頁Ⅶ。
〔註43〕戴璉璋：（1997），《易傳之形成及其思想》，（台北：文津出版社），頁121。
〔註44〕陳鼓應：（1999），《易傳與道家思想》，（台北：商務印書館），頁60。
〔註45〕朱伯崑：（1991），《易學哲學史》，（台北：藍燈出版社），頁19。

事的的特點之說，應該倒反來說：《大象》作者是承襲《易經》卦爻辭中天道和人事具有一致性的特色，老子則是受到《易經》卦爻辭的啓發來加以發揮、強調天道和人事具有一致性而已，尤其是特別強調天道這一部分；而孔子或是後學則是特別強調人道這一部分，其關鍵在此而已。

金春峰直接指出：《大象》觀象修省的主體是爲政者，並舉出 27 卦爲證，並提出這種觀象修省在春秋及春秋以前是甚爲流行的風氣。此外，《大象》講觀象進德的有 26 卦，而此種觀象進行的思維方式，與曾子、孟子強調的個人內心反省，求諸己、或求放心等等大不相同。此種觀象進德，如同觀象制器，皆是以《易》之象爲教之文本或學之文本的表現。〔註 46〕由此也充分點出：都是談論進德修養，儒家以人爲出發點，《易·大象》以象爲出發點。但是不論是談論修省、或是談論進德，這些終究是儒家學說的主軸。

金春峰先生亦舉出謙象、恆象、咸象、豫象、革象、豐象、節象來加以說明〔註 47〕《象傳》所傳達的「天人合一」、「天人合德」的觀念，對後世造成深遠的影響，此處的天道與人道相通，天德與人德相合，這種理念正是儒、道二家所共同強調的。有趣的是陳鼓應先生同舉謙象、恆象、咸象、豫象、革象、豐象來論證「推天道以明人事」的思維方式貫穿於《象傳》全書，是一部以道家思想爲主要的著作〔註 48〕。並以對照表證實《象傳》與儒家學派無關，強調是一部道家學派之作〔註 49〕，二人觀點如此南轅北轍令人訝異罷！陳鼓應先生在《易傳與道家思想》一書中，幾乎用了一半篇幅談論《繫辭》與道家的關係，但是就一個「三陳九德」就幾乎破功了，至少不能說與儒家無關吧！

四、帛書《易傳》之「道」、「德」觀

帛書《周易》的出現，掀起了《周易》研究的新階段，先是卦序的不同，其次是篇章安排亦不同，如：帛書《繫辭》無「三陳九德」之記載，結果是出現在《易之義》，而且無論是林曉雁或是劉大鈞都一致認爲帛書《周易》的

〔註 46〕金春峰：（2004），《周易》，經傳梳理與郭店楚簡思想新釋，（北京：中國言實出版社），頁 40～42。

〔註 47〕金春峰：（2004），《周易》，經傳梳理與郭店楚簡思想新釋，（北京：中國言實出版社），頁 64～65。

〔註 48〕陳鼓應：（1999），《易傳與道家思想》，（台北：商務印書館），頁 9～20。

〔註 49〕陳鼓應：（1999），《易傳與道家思想》，（台北：商務印書館），頁 27～50。

出現，是在漢文帝之時，也就是說比今傳本早出，而且也都主張兩種本子沒有那一種比較好〔註50〕，只是反映出不同的易學思想〔註51〕，劉大鈞依據《史記》《漢書》所記易學資料中，推斷得勢派進入官場，另一派則流入民間了〔註52〕，只是劉先生指的是孔派談陰陽五行、占筮夢兆的內容，在「十翼」中皆不可見的這一部分。其他儒、道所側重之處，可是一點都不少。

只是金春峰先生著重易有大恆之「恆德」，並加以論述〔註53〕；而陳鼓應先生注意到：「大恆」與老子第一章「恆道」之關聯〔註54〕，廖名春探討《二三子問》，發現《二三子問》解《易》有一明顯的特色，就是只談德義，而且較之諸家之說更具有德治主義與民本思想，合乎儒門說《易》的傳統〔註55〕；而陳鼓應先生卻注意到「言說觀」、「務時說」、「精白論」等等，著眼點非常不同，而且是觀點相異，各執一說。

五、結　論

從文獻學的角度考察，李學勤先生提出《周易》的著作都出於近人，如李鏡池、高亨等人，以「考釋經文，參閱舊說，探索它的原來義蘊」，代表了這條研究途徑所採取的基本態度〔註56〕。但也提出《周易》經文異本繁多，舊說極其紛紜，要想折衷其間，探尋本義，是非常困難的。在《老子》的部分亦然，郭店楚簡《老子》，不但有甲、乙、丙三種不同文字的版本，內容思想上與今本亦有所不同，如本文著重的「道」，聶中慶先生就三種版本在文字使用上存在著比較大的差異之間，充滿了假借字、異體字和古今字〔註57〕，而帛書《老子》亦有甲、乙本，可見《老子》有不少不同的傳本。在內容上，竹簡《老子》並不公開抨擊儒家仁義和禮的思想，這與帛書本與今本是最大差異點，這或許也可證明早期儒、道二家尚能相容相融乎！綜合以上說明，得知：

〔註50〕 李學勤：（2002），《帛書周易校釋序》，（湖南：人民出版社），頁3。
〔註51〕 姜廣輝：（2003），《中國經學思想史》，（北京：中國社會科學出版社），頁383。
〔註52〕 劉大鈞：（2005），《今、帛、竹書《周易》》，（中國：上海古籍出版社），頁118～120。
〔註53〕 金春峰：（2004），《周易》，經傳梳理與郭店楚簡思想新釋，（北京：中國言實出版社），頁70。
〔註54〕 陳鼓應：（1999），《易傳與道家思想》，（台北：商務印書館），頁242。
〔註55〕 廖名春：（1998），《帛書《易傳》初探》，（台北：文史哲出版社），頁2。
〔註56〕 鄧球柏：（2002），《帛書周易校釋》，（中國：湖南人民出版社），頁3。
〔註57〕 聶中慶：（2004），《郭店楚簡老子研究》，（中國：中華書局），頁73。

一、近代學者將《易經》卦爻辭中「道」字解為供人行走的「道路」之意，無可厚非，還原周人最初的思維，但是《易傳》已是戰國人的觀點，又都說《易傳》的重要不在於這些道德教訓，而在於它的宇宙觀和辯證法思想〔註58〕，若仍依據殷周甲金文字解讀《易傳》的「道」，是不是不太「自然」呢？

二、陳鼓應先生引用錢穆先生以《論語》和《易傳·繫辭》思想的不同，來證明《繫辭》裡的哲學是道家的自然哲學〔註59〕。但是錢穆先生也說過：在孔子以前，貴族皆由世襲，無身退自由。老子書中「功遂身退，天之道」七字是戰國時代人的話，老子書作成，正應在這個時代〔註60〕。換言之，「推天道以明人事」是戰國時人的思維。在同年代作品中如《管子》、《黃帝四經》皆有相關陳述。

三、「天下統一」是戰國時代的大勢所趨，同時也要求思想統一，因此拿各家思想會通合一，是時代的風氣，儒家亦想會通各家，歸之於儒。錢穆先生以「新儒家」稱之，《易經》的十傳，它拿各家會通之於孔子，《易傳》裡便有道家和其他思想在內〔註61〕。可見錢穆先生仍視《易傳》為儒家成分居多。

四、老子書成於戰國，「新儒家」——《易傳》亦是戰國時代的產物，若以孔子的用語、思維來考量《易傳》，自然是扞格不入。但也明顯看出，孟、荀對於推天道以明人事之論述，相對為少，這也是陳說之立足點。

五、儒、道二家的「道」「德」觀，是立場分明，各有體會，各有觀察的，而《老子》一書「德」字有 41 見，如「德性」、「德善」、「報怨以德」，是指人生修養而言。《老子》一書既然可雜有儒家用語，《易傳》間有道家用語及思維，亦不足為奇，此乃戰國時人思維之特徵也。

六、無論從《易經》、《易傳》到帛書《易傳》，所謂的天道、人道，總是相互論述，甚至於在同一章節之中，無論視其為儒家之作或是道家之作之人，都不能無視於另一方的存在，由此亦可看出，戰國時代

〔註58〕陳鼓應：（1999），《易傳與道家思想》，（台北：商務印書館），頁8。
〔註59〕陳鼓應：（1999），《易傳與道家思想》，（台北：商務印書館），頁90。
〔註60〕錢穆：（1990），《經學大要》，（台北：蘭臺出版社），頁77。
〔註61〕錢穆：（1990），《經學大要》，（台北：蘭臺出版社），頁68～71。

的儒家、道家，雖然並不確知是不是一個儒道互補的新型世界觀〔註62〕，但彼此並不相互排斥，二家有排擠的現象是在漢初，尤其明顯的應該是到了「罷黜百家」的情況下吧！

主要參考書目

書籍類

1. 宋・程頤：（1974），《易程傳》，（台北：河洛圖書，一版）。
2. 吳怡：（1989），《中國哲學發展史》，（台北：三民書局，三版）。
3. 李孝定：（1974），《甲古文字集釋第二》，（台北：中研院歷史語言研究所）。
4. 王國維：（1975），《觀堂集林》，（台北：河洛圖書）。
5. 侯外廬：（1995），《中國思想通史》，（中國：人民出版社，一版七刷）。
6. 徐復觀：（1999），《中國人性論史》，（台北：商務印書館，一版）。
7. 張立文：（1991），《周易與儒道墨》，（台北：東大出版社，一版）。
8. 余敦康：（1992），《道家文化研究第一輯》，（上海：古籍出版社，一版）。
9. 陳鼓應：（1999），《易傳與道家思想》，（台北：商務印書館，一版）。
10. 陳鼓應：（2000），《周易注譯與研究》，（台北：商務印書館，一版二刷）。
11. 範耕研：（1998），《周易詁辭》，（台北：文史哲出版社，一版）。
12. 李鏡池：（1984），《周易通義》，（中國：中華書局，一版二刷）。
13. 高亨：（1989），《周易古經今注》，（中國：中華書局，一版三刷）。
14. 李學勤：（2002），《帛書周易校釋序》，（湖南：人民出版社，三版一刷）。
15. 姜廣輝：（2003），《中國經學思想史》，（北京：中國社會科學出版社，一版一刷）。
16. 劉大鈞：（2005），今、帛、竹書《周易》，（中國：上海古籍出版社，一版）。
17. 金春峰：（2004），《周易》經傳梳理與郭店楚簡思想新釋，（北京：中國言實出版社，一版）。
18. 徐富昌：（2006），《簡帛典籍異文側探》，（台北：國家出版社，一版）。
19. 聶中慶：（2004），《郭店楚簡老子研究》，（中國：中華書局，一版）。
20. 陳鼓應：（2006），《老子今註今譯》，（北京：商務印書館四刷）。
21. 徐志鈞：（2002），《老子帛書校注》，（中國：學林出版社，一版）。
22. 戴璉璋：（1997），《易傳之形成及其思想》，（台北：文津出版社，一版二刷）。

[註62] 余敦康：（1992），《道家文化研究第一輯》，（上海：古籍出版社），頁122。

23. 錢穆：（1990），《經學大要》，（台北：蘭臺出版社，一版）。

24. 廖名春：（1998），〈帛書《易傳》初探〉，（台北：文史哲出版社，一版）。

25. 周法高主編：（1981），《金文詁林》，（台北：中文出版社）。

26. 中國社會科學院考古研究所編：（1994），《殷周金文集成第九冊》，（中國：中華書局，一版）。

27. 山西省文物工作委員會編：（1980），《侯馬盟書》，（台北：里仁書局，一版）。

28. 李正光等：（1998），《楚漢簡帛書典》，（中國：湖南美術出版社，一版）。

期刊類

1. 李學勤：（2005），〈新出土文獻與先秦思想重構〉，（台北：臺灣大學哲學系國際學術研討會會議論文）。

2. 千炳敦：（1989），〈易傳之天人合德研究〉，（臺灣：東海大學碩士論文）。

3. 楊遠征：（2005），〈周易‧大象〉，（陝西：渭南師範學院學報），第 3 期。

4. 王瑩：（2003），〈關於《周易》經文「道」「德」概念的思考〉，（中國：周易研究），第 2 期。

5. 張丰乾：（1997），〈《周易》究竟屬於那一家──《周易》學派歸屬問題研究綜述〉，（中國：中華文化論壇），第 2 期。

6. 陳來：（1999），〈帛書易傳與先秦儒家易學之分派〉，（中國：孔子研究），第 4 期。